金融纸牌屋

金融寡头操控下的美国经济

[美] 约翰·科茨 / 著　　陈锐珊 / 译
(John Coates)

中国友谊出版公司

目录

术语表
引言

1 前情回顾：20世纪的上市公司

阿道夫·伯利和加德纳·米恩斯　/ 008

2 指数基金异军突起，少数者问题凸显

指数基金的兴起　/ 024
选择指数化投资的理由　/ 029
指数基金投资的增长　/ 033
规模经济　/ 043
左右与支持治理激进分子　/ 053

3 私募股权的发展史

私募股权基金概述 /067
私募基金法律桎梏解除,"私募股权"再度崛起 /081
收购基金狡黠巧变,换上"私募股权"新马甲 /087
私募股权:1995年至今的剧烈扩张 /092
私募股权公司集中化造成的少数者问题 /99
从休克治疗到长期持有 /110
私募股权对社会的综合影响 /130

4 当前少数者问题在政治层面的解读与政治风险探析

当代美国政治舞台上的指数基金与私募股权基金 /144
指数基金和私募股权基金的政治影响力 /150
私募股权的政治影响与效应 /176
指数基金和私募股权基金面临的政治威胁 /188

5 少数者问题的应对之策

潜在的政策路径 /209

结语 /217
致谢 /223

术语表

指数基金（Index Fund）： 一种共同基金，汇集分散的个人和机构的资金，并投资于由第三方（如股票指数）选择的特定"指数"或列表中的所有公司。

  贝莱德（BlackRock）： 全球最大的资产管理公司，大部分资产通过指数基金进行投资，是指数基金提供商"四巨头"之一。

  先锋（Vanguard）： 指数基金的先驱，是目前全球最大的资产管理公司之一，是指数基金提供商"四巨头"之一。

  道富（State Street）： 开创了安硕（iShares）等基于指数的"交易型开放式指数基金"（ETF）的多业务银行，是指数基金提供商"四巨头"之一。

  富达（Fidelity）： 大型资产管理公司，其传统业务多与主动管理型基金有关，但目前更多地偏向管理指数基金资产，是指数基金提供商"四巨头"之一。

上市公司（Public Company）： 企业所有者由数百至数百万分散的个人和机构组成。美国的上市公司必须在**美国证券交易委员会**注册，并定期向公众披露信息。

美国证券交易委员会（Securities and Exchange Commission, SEC）： 监管美国上市公司和指数基金的主要联邦机构。

共同基金（Mutual Fund）： 一种由基金顾问赞助的集体投资方式，通过向公众发售股份，承诺根据基金的净资产值可以随时赎回这些股份，并利用其资金投资各种资产，例如上市公司的股票。美国的共同基金必须在SEC注册，并定期向公众披露信息。

交易型开放式指数基金（Exchange Traded Fund, ETF）： 一种集体投资方式，通常在经济上类似于指数共同基金，但在法律和税收方面的结构略有不同。美国的ETF必须在SEC注册。

私募股权基金（Private Equity Fund）： 一种专注于购买、持有和出售整个公司的集体投资方式，主要投资者通常是机构投资者。之所以称为"私募"，是因为它们以一种不需要注册为上市公司或共同基金的方式限制所有权，并因此无须向公众披露信息。

科尔伯格·克拉维斯·罗伯茨（Kohlberg Kravis Roberts & Co. L.P., KKR）： 一家重要的私募股权基金投资机构，因1989年杠杆收购烟草公司雷诺兹·纳贝斯克（RJR Nabisco）而闻名（当时史上最大的一笔杠杆收购）。如今是一家上市公司，同时投资多个私募股权基金。

黑石（Blackstone）： 一家重要的私募股权基金投资机构，如今是一家上市公司，同时投资多个私募股权基金。

凯雷（Carlyle）： 一家重要的私募股权基金投资机构，如今是一家上市公司，同时投资多个私募股权基金。

阿波罗（Apollo）： 一家重要的私募股权基金投资机构，如今是一家上市公司，同时投资多个私募股权基金。

垃圾债券（Junk Bond）： 任何未被信用评级机构评为"投资级别"（高评级）的"固定收益"（债务）证券，通常比其他种类的债券更具风险，常用于杠杆收购。

引言

少数人或少数组织因拥有某种特定手段而能够对一个国家的政治和经济产生不成比例的影响，并可能导致复杂的政治和经济问题——我将其称为"少数者问题"（problem of twelve）。在美国，少数者问题频繁出现，这是两股基本力量的冲突所致：一是金融领域的规模经济，二是宪法规定的分权和有限政府[①]原则。这个特定的问题通常具有双重影响。一方面，财富和权力集中在少数人手中，会威胁到政治体系和广大民众的利益；另一方面，政府采取的应对

[①] 指政府自身在规模、职能、权力和行为方式上受到法律和社会的严格限制和有效制约。——译者注，如无特殊说明，后文注释均为译者注。

措施可能会对金融体系造成不利影响，而这些金融机构可以创造经济效益。

指数基金和私募股权基金是兴起于20世纪末的金融工具，如今，它们正在美国引发新的少数者问题。这两类机构聚集资本并进行投资，主要受金融监管机构审查监督。与其他金融工具一样，它们吸纳个人投资者的储蓄资金，集中投资各类重大项目。它们促进了资本主义的发展，为人类带来了财富、健康和长寿等好处，但同时也加剧了不平等、贫困及气候变化带来的生存威胁。金融通过推动变革创造了价值，但价值利益的分配存在不均衡现象，而且还使"创造性破坏"（creative destruction）①的狂风骤雨更加猛烈。

不论指数基金和私募股权基金是否刻意追求经济和政

---

① 创造性破坏理论是经济学家熊彼特最著名的观点，也是其企业家理论和经济周期理论的基础。熊彼特认为，"创造性破坏"是资本主义的本质性事实，重要的是研究资本主义如何创造，进而如何破坏经济结构。这种结构的创造和破坏主要是依靠创新的竞争实现的。每一次大规模的创新都会淘汰旧的技术和生产体系，并建立起新的生产体系。

治权力，它们不断壮大的规模已经使它们在美国的经济和政治领域具备了重要的影响力。这种影响力引起了政府方面的警惕。指数基金和私募股权基金已经表现出"规模经济"（economies of scale）①的特点。通过持有或控制企业的股权或权益，这两种机构直接或间接地在政治领域积极参与各种活动。

美国是一个建立在孟德斯鸠三权分立理论和联邦制基础上的民主共和国。然而，不断增加且集中的财富和权力，正逐渐威胁这个民主国家的根基。这是每位公民在学生时代就了解的"制衡制度"。可预见的是，美国政府将会采取威慑措施，对这些机构施加新的限制，提出新的要求，增加更多的约束。鉴于指数基金明确地（私募股权基金则是在一定程度上）为美国经济创造了价值，任何针对它们的威胁，无异于对美国民主体制的威胁。

---

① 规模经济又称规模效应，是指规模增大带来的经济效益提高，但是当规模过大时，信息传递速度可能变慢，且会带来信息失真、管理官僚化等弊端，反而导致"规模不经济"。

本书共分为五章。第一章回顾梳理了美国历史上的少数者问题，即由中央银行、私人银行、保险公司和"金融托拉斯"（money trust）①造成的问题。一如阿道夫·伯利（Adolf Berle）和加德纳·米恩斯（Gardiner Means）②在1932年得出的结论，这些问题的应对政策实际上导致了美国主要的商业组织大权旁落——原本由个体投资者拥有的大企业被少数几个高管所掌控，从而导致这些大企业的运作缺乏公众认可和监督。此外，本章还回顾了法律和政策如何在大萧条③的谷底深渊中，通过两种方式先后恢复了大企业及资本主义制度的合法性：一种是通过直接的法律手段，如证券法和披露要求；另一种是通过间接途径，如劳

---

① 托拉斯是英文trust的音译，是垄断组织的高级形式之一。19世纪末以来，美国的托拉斯迅速发展。西欧国家的托拉斯出现稍晚，但在第一次世界大战后也有了迅速发展。托拉斯在美国最发达。托拉斯本身是法人，由托拉斯董事会掌握全部业务和财务活动，原来的企业成为托拉斯的股东，按股权分配利润，参加托拉斯的企业在法律上和产销上失去了独立性。
② 阿道夫·伯利和加德纳·米恩斯是美国经济学家，他们在20世纪30年代初期创造了"所有权和控制权分离"这一概念，将管理层与股东区分开来，这个模式一直持续到20世纪末。
③ 指美国在1929年至20世纪30年代初期的严重经济衰退。

动法、税收政策和监管措施。

第二章主要聚焦于20世纪末出现的指数基金，并对其不断增长的规模和影响力进行了分析。本章讲述了三个核心内容，即金融理论的发展、投资理念的缓慢渗透，以及指数基金如何成功地对大型企业施加影响，尽管更严格的监管法规要求它必须进行充分的信息披露，并禁止其直接控制企业。

第三章主要探讨了美国私募股权行业的兴起和发展历程。20世纪70年代和80年代，一些规模较小且备受争议的收购公司经历了发展和改变，逐渐催生了如今规模更大且不断扩张的私募股权行业。与指数基金一样，私募股权的兴起与新的金融理论和金融创新密切相关。不同的是，私募股权公司一直在努力保护商业操作和决策的机密性，成功地通过政治和公共关系手段来控制信息的流动，让公众无法了解它如何经营和重组被其控制的公司。本章还探讨了私募股权作为一种企业所有权和控制权的形式，如何逐渐变得越来越复杂且持续。最后，总结了有关私募股权的其他研究成果，包括私募股权是否为投资者创造了净经济利益，以及它对其他人造成的潜在危害。

第四章详细阐述了这两种基金在政治层面造成的少数者问题。在20世纪的最后20年中，美国企业成功游说政府放宽了关于劳工法、税收政策和监管规定的限制，但同时也面临全球化、技术变迁和通货膨胀等经济挑战。商业环境的变化带来了一系列后果，包括恶意收购、买断，以及机构股东（institutional shareholder）[①]新运动的强势来袭，从而导致公众对企业的信任度下降。这些后果是当前政治格局的重要组成部分，即指数基金和私募股权基金被视为一种隐患或威胁。

此外，第四章也回顾了美国指数基金和私募股权基金的政治活动和影响。指数基金的权力已经受到了限制。它们可能更倾向于代表普通个体投资者的利益，而不一定完全与其他机构保持一致；它们的政治立场比一般人所预想的更加多变。相比之下，私募股权基金不断扩大其涉足的经济领域的范围，但它

---

① 机构股东是指持有上市公司股份的机构投资者，其投资策略和投资行为对于上市公司的股价波动和经营状况有着重要的影响。

的活动可能相对不透明，难以被公众了解；它利用一些政治上有争议的税收减免，不断剥削劳工权益，扩大贫富差距；同时它在其参与的各种营利性私营业务中表现出色，不论是提高生产率还是增加社会成本。在本章中，作者结合具体案例，说明这两种基金类型构成，以及面临的政治威胁。

在本书的最后一章，作者提出了一系列问题，引导读者来思考：应该采取何种行动？是否存在可行的政策来应对少数者问题？我们该如何在经济和政治之间取得平衡，既能降低这些基金机构带来的政治和政策风险，同时又能保留它们的经济利益？由于本书讨论的问题大多需要根据个人观点或经验来做出判断，所以作者提供的分析及答案都是探索性和暂时性的。然而，作者坚信权衡政治影响和经济利益需要更为综合的决策。例如，采取激进的措施来减少指数基金的政治影响，可能会导致更大的经济损失；加强信息披露和公众征询等措施，可能有助于解决这一问题。此外，还有其他措施值得深入研究，比如更加严格地监管这些基金持有公司，特别是在反垄断领域；对基金机构、基金顾问和关联公司实施更为严格的利益冲突规定；确保基金机构明确了解并履行其受托责任，既要考虑到投资者，也要考虑到受其影响的广大民众。

前情回顾：
20 世纪的上市公司

1 前情回顾：20 世纪的上市公司

尽管当前的少数者问题是近几十年来出现的新问题，但其实它延续并加剧了历史上存在的少数者问题。为了深刻了解这一问题的本质、发生的原因及应对的措施，我们有必要追溯历史。本章主要探讨在20世纪，美国的上市公司曾经如何主导美国经济。上市公司是指在证券交易所进行股票交易的大型企业，例如苹果（Apple）、美国电话电报公司（American Telephone and Telegraph Company, AT&T）、开市客（Costco）、埃克森（Exxon）、国际商用机器公司（International Business Machine, IBM）等知名企业。100多年来，70%到80%的公司所有权由上市公司的股票构成。

美国式的民主共和制度与资本主义经济之间存在深刻的结构性冲突。从建国初期开始，美国一直对任何形式的中央集权持怀疑态度，并通过法律和政治手段进行严格控制。尤其在金融领域，资本主义市场经常出现规模经济效应，导致财富和权力的高度集中。这种趋向集中化的情况反复出现，针对这一模式，美国政府采取了相应的法律和制度措施，以牺牲部分经济利益的代价，阻止市场向专制集权倾斜。

20世纪初的美国上市公司具有许多特点。这些或好或坏的特点，如今也体现在导致少数者问题的基金中，包括规模，增长，集中，经济主导，政治影响，透明度、合法性和问责制的不足，以及系统性治理的缺失。银行、金融托拉斯和保险公司等主要的美国上市金融公司也普遍存在这些特点。上市金融公司曾在美国历史上引发大规模的政治冲突，这促使政府制定长期的法律框架，以限制或规范金融机构对其他上市公司的控制或治理。这为当前美国少数者问题的产生提供了土壤。

董事会作为上市公司的法定监督机构，其成员由股东正式选举产生。实际上，小型公司的少数股东可以主导董事会选举，从而控制整个公司——这与公司法和公司治理原则的设计初衷一致。与此相反的是，由于大型上市公司的股权分散和个人持股比例的限制（不超过1%），股东很少参与董事职位的竞争性选举。董事会成员一般是独立个体，而且多以兼职的方式提供服务，因此他们对公司管理层的监督力度十分有限。尽管董事会的权限在20世纪末逐渐增强，但它仍旧无法制约公司管理层。几乎在整个20世纪，大型上市公司的控制权都掌握在管理层，而不是股东手中。1932年，阿道夫·伯利和加德纳·米恩斯在《现代公司与私有财产》（*The Modern Corporation and Private Property*）一书中也强调了这一现象。

在20世纪的很长一段时间里，管理层通过系统教育和职业发展，成为上市公司乃至整个经济的主导力量。他们先获得商学院的工商管理硕士学位，然后从初级管理工作开始，逐步晋升到高级管理层。管理层的成功不仅取决于精英领导体制①，还可能有裙带关系和组织内部的政治协调的影响。由此，美国经济大体上成为支持"管理主义"的体系，即支持所有权与控制权分离的模式。这一发展趋势推动美国经济走过了亨利·卢斯（Henry Luce）笔下的"美国世纪"（The American Century）②。

管理主义是经济力量与法律政治力量的意外产物。具体来说，19世纪生产、交通和通信革命带来了规模经济效应。同时，美国出台法规限制大型银行的发展，并禁止已经兴起的大型保险公司持有上市公司的股票——这些因素共同促成了管理主义的出现。

指数基金和私募股权基金引发的少数者问题，在很大程度上对长期占据主导地位的美国职业经理人阶层和整个美国的经济体系构成了威胁。为了更好地阐明少数者问题

---

① 也就是由高水平的专业人才组成的管理团队。

② 1941年2月17日，美国媒体巨头亨利·卢斯在《生活》杂志发表社论《美国世纪》，鲜明地提出"20世纪是美国的世纪"，而且是"美国作为世界主导力量的第一个世纪"。

的起因，本章将回顾管理主义的起源和演变，同时探讨如何针对管理主义进行控制，以及管理主义如何赢得长达一个世纪的社会认可。

阿道夫·伯利和加德纳·米恩斯

虽然早在19世纪80年代，因企业规模不断扩大而导致的权力和财富高度集中的现象已经引起美国社会的关注，进而促成反垄断法规的出台。但直到1933年，新任总统富兰克林·罗斯福（Franklin Roosevelt）开始推动新政，股权分散的基本事实才开始获得重视。大型企业被指摘为"不合法"和"缺乏责任感"——它们既没有履行社会责任，也无法实现股东的经济权益。股权分散导致财富和权力趋于集中化的现象已经蔓延至上市公司内部，而不仅仅是银行或保险公司的特有现象。

阿道夫·伯利和加德纳·米恩斯指出，全国前200家大型企业正在垄断美国经济的"生产资料"——卡尔·马克思（Karl Marx）提出的概念。尽管这并非本书要探讨的少数者问题，但它同样不容忽视。他们认为：

经济权力集中在少数人手里，可能对大多数人产生积极或消极的影响，并波及整个地区，改变贸易流向，导致不同社区的发展差异。由少数人掌握的组织已经超越了私营企业的框架，逐步扩展到了社会性机构。

大型上市公司的影响力逐渐凌驾于政府之上，因此，深入了解它们背后的掌控者及控制方式变得尤为重要。伯利和米恩斯首次系统地阐述了"所有权与控制权分离"的现象。他们认为，与过去的产权时代不同，持股比例较少的职业经理人已经代替法定所有者，成为上市公司的实际掌权者。他们提出的核心观点对于理解企业运作机制产生了深远的影响。

尽管有人批评伯利和米恩斯的观点言之过甚，但这一观点其实深刻地改变了我们对上市公司运作机制的认知。他们的观点与历史上的新闻报道揭示的某些问题存在一定的延续性，例如镀金时代（Gilded Age）①的强盗资本家（Robber Barons）②，托拉斯与反托拉斯之间的对抗，以及针对中心化金融的政治斗争。进步思想领袖最早嗅到经济规模可能带来的潜在危险。路易斯·布兰代斯（Louis Brandeis）③对各种形式的"庞大"提出批判，并于1914年提出"阳光是最好的消毒剂"的理论，强调通过信息披露来揭示公司腐败和浪费的问题。

1929年华尔街大崩盘让人们更加认同之前的批评观

---

① 指美国历史上19世纪末到20世纪初的一个时期，这个时期经济繁荣，但社会问题也很突出，财富集中在少数人手中，工人阶级处于较为贫困的状态。
② 指在美国工业化时期通过不道德或剥削性的手段获得财富和影响力的富有和有权势的个人或商业领袖。
③ 路易斯·布兰代斯是一名法律人，他积极维护穷人的利益，不仅为数州规定最高工时和最低工资的法令进行辩护，还为劳工阶级订定储蓄银行的人寿保险计划，呼吁政府加强反垄断工作。美国《克莱顿法》和《联邦贸易委员会法》就是在他的积极推动下诞生的。1916年，他被威尔逊总统任命为美国最高法院的法官。

点。这次股市崩盘揭示了广泛存在的欺诈，引起了公众和在职官员对改革的强烈呼声。正如乔尔·塞利格曼（Joel Seligman）所指出："……崩盘后10周内，有6名国会议员提案对公司财务报表、保证金贷款及证券做空进行监管。"在1930年至1931年的市场下滑期间，"这些法案并非由寂寂无名的初级议员匆促提出"，而是由"弗吉尼亚州民主党人卡特·格拉斯（Carter Glass）领导制定……卡特·格拉斯一直坚持保守主义价值观……向来反对联邦政府的'权力集中'……但凡事皆有例外……在这次事件中，他支持联邦政府对纽约市的'金融人群'实施控制"。根据商业历史学家托马斯·麦格劳（Thomas McGraw）的叙述："到了1933年，重新建立投资者对证券市场的信心已经刻不容缓。业界普遍认识到……需要采取积极措施来恢复市场。"

1932年至1934年，国会在费迪南德·佩科拉（Ferdinand Pecora）的监督下进行了公开调查，揭示了企业滥用职权的普遍问题。这次调查明显受到20世纪初有关保险公司和金融托拉斯的听证会的影响。作家罗恩·切尔诺（Ron Chernow）写道："佩科拉展示的图表显示，摩根合伙人在89家总资产达200亿美元的公司中拥有126个董事席位。佩科拉后来形容'这种私人权力所达到的极限可谓空前绝后'。"大多数美国人过去普遍认为，上市公司的经济增长是合法且道德的，但这种信念在大萧条发生后土崩瓦解。

主要受益于1933年罗斯福采纳的"充分和公正披露"制度和1934年美国证券交易委员会的成立，上市公司最终在法律和监管层面上获得了合法性。SEC制定并执行了一系列适用于上市公司的规定，要求它们发布年度报告，接受独立审计，并采取更健全的治理措施，包括规定个体投资者如何投票，以及基于哪些信息进行投票。这些变化是真实的、显著的、公开的。

这些法规的实施为上市公司投下了一束阳光，有效提振了公司、资本市场和整个美国经济的信心。美国的投资者和广大人民群众都对市场恢复了信心。新法律改进了当时的公司法，旨在加强高管对股东的责任感，同时将更多的权力和控制权交还给投资者,也就是那些承担着最大风险、对公司拥有最大所有权的人。

公司向所有者保持透明,亦即向公众保持透明。透明度的提升赋予了公司更大的可信度,确保其经营合法合规,真正创造价值,而不是沦为个人敛财或谋权的工具。

这凸显了SEC的成立及其初始议程的重要性。起初,SEC遭到企业管理层的诸般反对,还被贴上了"俄国式"的标签。SEC在很多领域都遭遇了巨大的阻力,尤其是在股票交易所和公共事业单位中,前者的资本市场影响力在20世纪20年代一直不断增强,后者则具有伯利和米恩斯所指出的规模(企业规模大)、股权分散、经济集中和问责机制缺失等不良特征。在经历了令人担忧的10年之后,大多数商业领袖都勉为其难地接受了SEC规则的限制,并将其视为大萧条时期全球经济问题的补救措施。

SEC关于披露要求的新制度让人们有理由相信,私营上市公司在实现经济目标方面可能比潜在的国有竞争对手更为出色。事实上,证券监管不仅帮助上市公司重树政治合法性，更推动上市公司公开风险，对经营活动负责，积极构建安全的证券交易市场。因此，相较于其他发达经济体，投资者愿意以更具竞争力的价格在美国市场进行投资。通过SEC的有力监管，资本市场经历了深化改革，有效提升了市场流动性，进一步削减了资本成本。资本成本的降低和市场流动性的提高，又反过来推动企业成长，创造就业机会，并在广大劳动者和投资者之间实现了财富的公平分配。迄今，美国仍主导着全球最庞大、最深厚的资本市场，这离不开SEC的有效监管。

20世纪30年代至80年代，典型的伯利-米恩斯式上市公司从筹资到治理的过程中，通常会经历一个标准的三阶段生命周期。在企业创立的第一阶段，企业家筹集资金的渠道主要包括自身储蓄、天使投资人[①]，以及20世纪50年代兴起的风险投资公司。在投资私有公司时，个人投资者的财

---

① 在美国硅谷，天使投资人被赋予了"3F"的称号，即family、friends、fools（家人、好友、傻瓜），意思就是，要支持创业，首先要靠一群家人、好友和傻瓜。

富有可能因为投资市场的狂热或者公司的欺诈行为而受到损害。为此，证券法明确规定了投资者数量的上限。虽然很多公司最终会面临失败，但这些失败并不会对整个市场或投资者造成巨大的负面影响，而且投资者也有能力应对投资风险。

在第二阶段，企业在实现盈利并呈现出可持续的迹象时，创业者会选择通过首次公开发行（Initial Public Offering，IPO）发行股票并上市，即向匿名的个体投资者出售股份，并在股票交易所上市。投资者将获得可在二级市场①自由流通的股份，并受到强制性审计、信息披露及SEC的保护。

任何一次公开发行的过程都要接受严格监管，禁止通过广告牌和电视广告等形式进行推广。核保人、审计人员和律师作为这个过程的把关系统，负责向投资者提供全面、真实的信息，确保他们充分了解公司前景和风险。个体投

---

① 又称"证券交易市场""次级市场""证券流通市场"，是指已发行的有价证券买卖流通的场所，是有价证券所有权转让的市场。

资者无法通过在二级市场购入股票来获得控股地位,且通常只有极少数投资者会持有超过5%的股份。

在第三阶段,上市公司出现了所有权和控制权分离的现象,而个体投资者则选择"理性的无知"[①]和"消极被动的无知"[②]。罗斯福新政以及获得授权的工会制定的一系列法律法规,确保上市公司的经营活动不会对股东之外的其他方造成伤害。没有一个职业经理人或管理团队可以掌控多个大型上市公司,同时,反垄断法的实施有效防止了单一公司对某个行业的垄断。尽管个别上市公司规模庞大、实力雄厚,而且管理层拥有较大的自主权,但是它们并没有集中在一个中央机构或协调体系中,形成一个掌握金融权力的集中网络。在参与政治活动层面,上市公司之间既有合作又有交锋。

---

① 在知识搜寻成本高昂而成果又不确定的情况下,人们只获取特定的部分信息并保留对其他信息的无知是合乎理性的。"无知"是理性的表现,它是一种对有限的知识与信息约束的理性的妥协或适应。

② 理性的无知包括消极被动的无知和积极主动的无知。消极被动的无知是被动的适应性行为。

指数基金异军突起,少数者问题凸显

第一章所描述的美国公司管理体系逐渐式微。两类新型机构——指数基金和私募股权基金——正日渐颠覆上市公司模式。指数基金是备受个人及机构投资者青睐的常见投资工具，通过模拟整个股市表现为投资者提供市场回报，同时仅收取极低的管理费。私募股权基金主要吸引机构投资者，这种基金通过购买目标公司的控股权，让它们从公开市场中退出①，然后经过数年的改善和增值，再将所投资的公司重新售出。在过去的一个世代，这是增长最快的公

---

① 即私有化；私有化意味着该公司不再在证券交易所上市，不再向公众发行股票。

司所有权类型。

本章重点探讨指数基金。事实证明,这种投资工具是美国普通民众参与资本市场的有效手段。自20世纪70年代初以来,指数基金规模持续扩大,尤其在21世纪初期取得了显著增长。它收购了大量的股票,对大型上市公司管理层构成了潜在威胁。指数基金已经汇集了巨额资本,掌握了大多数公司所有权,其投票权量级足以深刻影响,甚至左右上市公司管理的走向。企业管理主义正逐渐让位于指数基金管理主义。以往,我们的经济被大量上市公司管理层掌控,并由分散的治理机构进行监督和制约。如今,我们面对着一个由十几个指数基金经理主导、权力相对集中的经济格局。这些基金经理手中的企业权力已经足以左右大多数上市公司的命运。这是第一个少数者问题。

为了表明指数基金的影响力,我们不妨先了解一下埃克森美孚(Exxon Mobil)与2020年新成立的气候影响投资对冲基金"引擎一号"(Engine No. 1)在2021年的代理权争夺战。这俨然是一场"大卫与歌利亚之战"①。埃克森美孚资产逾3000亿美元,而与旧金山最老消防站同名的引擎一号则刚刚由对冲基金业内的资深人士克里斯·詹姆斯(Chris James)创立,初始仅有2.5亿美元的自有资金作为种子基金。尽管只持有0.02%的股份,但引擎一号仍宣布寻求替换埃克森美孚董事会的四名成员。这一计划并不被看好,因为近年来外部股东试图替换现有董事会成员的成功率不到一半,特别是在股东持股比例较少而目标上市公司较大的情况下,成功的机会更是微乎其微。

然而,引擎一号在2021年5月26日的股东大会上成功赢得了三个席位,这几乎让埃克森美孚董事会全员咋舌。值得关注的是,引擎一号在竞选过程中并未过分强调传统的激进主题,比如批评埃克森美孚业绩不佳,或提出一些可以释放股东价值的金融重组方案——尽管业绩不佳确实是引擎一号传递的信息之一。而是将焦点瞄准气候变化给公

---

① "大卫和歌利亚之战"是一场以弱胜强的战役,记录在《圣经·旧约》中的《撒母耳记》中,这个故事常被比喻为"不可能的胜利"。

司带来的财务风险。他们指出，面对气候变化所带来的财务风险，埃克森美孚的环保步伐迈得不够快。这些风险包括实际风险和转型风险，后者显然对于石油和天然气公司而言更为重要。具体而言，公共政策可能会快速推动能源基本面转向可持续来源，导致埃克森美孚面临被淘汰的风险。引擎一号提名的董事候选人分别具备石油行业和可持续发展领域的相关经验，包括来自谷歌的石油营销高管、某家石油提炼和营销公司的可持续发展高管，以及某家风力发电公司的首席执行官。而在这场备受争议的投票会议之前，埃克森美孚已经承诺增加一位具备可持续投资经验的董事，以试图减弱引擎一号在气候变化和可持续性议题上的影响力。

这个事件的吸睛之处在于，两家知名的指数基金巨头将自己作为埃克森美孚机构股东①的选票投给了引擎一号，极大地促成了它的成功。拉里·芬克（Larry Fink）作为全球最大的指数基金公司贝莱德（管理资产达10万亿美元）的首席执行官，曾多次公开表示，公司希望自己投资的企业能够更多地考虑经营活动的长期风险，特别是气候变化的风险。贝莱德投出的这一票表明，芬克的期望并不是停留在口头上，而是体现在行动中。此外，先锋（管理资产达8万亿美元）也投出了出人意料的一票。相较于贝莱德和道富（同样是全球指数基金公司"三巨头"之一，管理资产达4万亿美元），先锋在公开支持任何形式的激进主义时通常都更加审慎。但是这一次，它也将选票投给了引擎一号的提名董事候选人。

---

① 根据市场脉动网（www.MarketBeat.com）截至2023年11月17日的数据，机构投资者持有埃克森美孚58.53%的股票。在过去两年里，3867家机构投资者和对冲基金持有埃克森美孚的股票。其中投资最多的机构是先锋（321.9亿美元）、贝莱德（291.7亿美元）、道富（218.7亿美元）、富达母公司（FMR LLC）（170.7亿美元）、大地资本（Geode Capital Management LLC）（79.3亿美元）、摩根士丹利（Morgan Stanley）（63.3亿美元）和挪威央行（Norges Bank）（52.3亿美元）。

指数基金的兴起

20世纪60年代和70年代初,麻省理工学院管理学教授保罗·库特纳(Paul Cootner)、普林斯顿大学经济学家伯顿·G.马尔基尔(Burton G. Malkiel)、芝加哥大学经济学家尤金·法玛.(Eugene Fama)及麻省理工学院经济学家保罗·萨缪尔森(Paul Samuelson)等学术研究人员在著作中提出了一些颇具冲击性的观点。至今仍有许多人认为这些观点颠覆了传统经济理论:

● 股票价格已经充分反映了市场上所有可获得的信息,即"有效市场假说"(efficient market hypothesis)

● 因此，股票价格具有"随机游走"（random walk）的特点，即股价走势无法预测

● 对于普通个人投资者来说，最佳投资策略不是购买那些试图预测股市走势的基金，而是购买并持有预设的一篮子股票[①]

萨缪尔森的研究借鉴了法国数学家路易·巴舍利耶（Louis Bachelier）早在1900年发表却鲜少受到关注的博士论文《投机理论》（*The Theory of Speculation*）。就在马尔基尔和巴舍利耶开展研究的同时，芝加哥大学经济学家费希尔·布莱克（Fischer Black）和迈伦·斯科尔斯（Myron Scholes）以及麻省理工学院经济学家罗伯特·默顿（Robert Merton）也采用了相似的方法，开发了至今依旧适用的股票和其他资产期权定价模型。

---

① 通俗地说，包含一篮子股票的指数基金就是"ETF基金"。这一篮子股票如果是某一行业的就是行业ETF，比如医药ETF；如果一篮子股票是大盘前多少名的股票那就是宽基ETF，比如上证50ETF。

根据这一学术理论的核心观点，共同基金选择被动管理①的方式具有商业可行性。这些学者们认为，被动化可以大幅降低基金运营成本。它们可以选择投资第三方提供的市场指数——这个市场指数代表了整个市场（所有的公司），而不是其中的一家或几家——并且采用一种固定的方式来分配资本，例如，可以按照指数的构成和权重保持相对固定的配置。

但直到20世纪80年代，该学术研究对实际业务的影响仍相对有限。基金还是采用主动管理的方式，通过雇佣昂贵的金融专业人员，尝试预测哪些上市公司的股票可能表现良好，哪些可能表现不佳。共同基金并没有在零售投资市场上迅速取得主导地位。在这个时期，很多美国人依旧选择直接购买股票，而且，尽管基金的规模在稳步增长，但增长速度相对较慢。共同基金虽然在美国上市公司的股东中占据着重要的地位，但并没有成为主导性的股东。更

---

① 指不需要频繁地进行买卖决策，而是通过简单、稳定的投资方式来降低基金运营成本。

甚者，它们在整个市场的总体持股比例都不足以使其成为主导力量。

借着金融理论变革的浪潮，刚被惠灵顿基金（Wellington Fund）解雇没多久的杰克·博格尔（Jack Bogle）在1974年毅然创立了先锋。1976年，先锋推出了"第一指数投资信托"（First Index Investment Trust），即先锋500指数基金（Vanguard 500 Index Fund）的前身，也是首只面向大众的指数型共同基金。先锋宣布采用被动投资策略，放弃主动挑选股票进行投资的做法，同时承诺提供业界最低的顾问费。或者更确切地说，作为机构投资者的先锋决定减少主动买卖操作的频率，将投资者的资金用于购买并持有由第三方选择的股票指数中的所有股票。

客观来讲，先锋在资产管理领域的大胆创新并非一蹴而就。这只基金的确曾被华尔街奚落为"博格尔之愚"。但半个世纪后，先锋基金持有的美国上市公司股权超过了美国史上任何个人或组织，能与之媲美的综合指数基金就只有全球最大的资产管理公司贝莱德。2005年，保罗·萨缪尔森将博格尔的这一创新与轮子、字母和古腾堡印刷术等历史性创新相提并论。尽管金融经济学家可能夸大了指数基金对人类整体的影响，但毫无疑问，这是世界金融史上最重要的创新之一。博格尔在2019年去世前不久承认，先锋集团是少数者问题的核心。

选择指数化投资的理由

前述金融变革中的复杂要素是如何转化为指数化投资的实际案例的？阐明指数基金的信息对于探讨少数者问题引发的政策问题至关重要——保留指数基金作为个人投资者的一种选择究竟有多大意义？

指数基金的核心卖点在于为美国个体投资者提供了一种经济高效的投资方式，实现了广泛的分散投资组合，尤其在绝大多数投资者无法雇用可靠的个人全职财务顾问的情况下。"没有人可以击败市场"的说法并非总是正确。很多金融专业人士确实能够为投资客户创造超额收益。也就是说，通过精选或调整股票的权重，他们能够实现比投资于标准指数更高的回报。

但是，个体投资者通常很难或者说几乎无法准确辨别哪些金融专业人士有能力击败市场，即便经过专业研究也很难在事后确切评价他们的表现。金融专业人士的经验和业绩记录可能与他们为客户创造未来收益的能力相关联，但过去的成功也可能只是一时的运气。

毫无疑问，与其他共同基金相比，购买指数基金的费用一直保持在极低水平，并且未来还会继续降低。美国传统的股票型基金[①]费用比率为6%——相比之下，股票型基金的费用中值是指数基金的15倍以上。费用上的明显差异导致主动管理型基金更难在业绩上超越指数基金，而个人投资者也更难从一群表现不佳的基金经理中找到最具潜力的基金经理。

指数基金不仅费用更低，而且需要投资者投入的时间和精力也较少。对个体投资者来说，选择并投资一只信誉

[①] 股票型基金属于主动管理型基金，需要基金经理根据自己的判断和分析，制定投资策略和方案。

良好的低成本指数基金比直接投资简便得多。即使个体投资者选择投资与指数基金相同的基础证券，并能够以相同的实际交易成本进行投资（尽管事实并非如此），指数基金依然被视为更加便捷的选择。部分原因是，指数的构成会因企业合并、退出或加入市场而不断变动。这种情况下，选择直接投资的个体投资者需要不断购买新的股票，同时处理相关记录、税务报告以及其他后勤工作，以维持对同一多元化投资的敞口（exposure）[①]。

主动管理型基金的追踪比指数基金更为耗时。一是，主动策略必须跟随市场的动态变化而不断调整；二是，主动型基金投资组合的优秀管理团队可能会有关键成员退休或离职。比起指数基金，个体投资者需要更加关注主动型基金。

---

① 在金融领域，敞口是指投资者或交易员所持有的某种资产、货币或者利率的暴露程度。

简而言之，指数基金对个人投资者的价值主张[①]很强大，尽管指数基金的基本理念可能违背直觉或者不够完善，例如"股价具有随机游走的特性"，以及"支付理财咨询费用通常不奏效"等理念。与其他投资方式相比，指数基金的成本相对较低，而且更易于理解和追踪。

---

① 价值主张是指企业要传递给客户的一种差异化的价值观，简单来说是指企业所提供的产品或服务对客户来说什么是有意义的，即对客户真实需求的深入描述。

指数基金投资的增长

随着人们逐渐深入了解指数基金的优势,其持股比例在1976年至2000年间呈现缓慢而平稳的增长趋势(详见表2.1)。直到20世纪末,指数基金的增长还相对有限,仅占据美国股票总市值的2%。2000年,摩根士丹利推出了一系列交易型开放式指数基金,其管理方式类似于指数基金。这一业务后来被售予巴克莱银行(Barclays),随后又转手给全球最大的资产管理公司、先锋的主要竞争对手贝莱德。富达总资产高达4.5万亿美元,数十年来一直抵制指数基金潮流。但如今,它在指数化策略(Indexed Strategy)[1]方面

---

[1] 指数化策略是一种被动的投资策略。

拥有的资产已经超过了主动管理型基金,其指数化资产总额已经使其跻身"四巨头",与先锋、贝莱德和道富并驾齐驱。

无论是绝对数值还是相对数值,自2000年以来,指数基金和ETF都呈现出强劲的增长态势,复合年增长率[①]达15%。

表2.1 (美国)纯被动型指数基金和ETF的持股增长趋势
(1990—2020年)

年份	(1) 美国国内股票型基金资产 (10亿美元)	(2) (1)占美国股票市值的百分比(%)	(3) 美国国内股票ETF资产 (10亿美元)	(4) (2)占美国股票市值的百分比(%)	(5) 美国纯被动型基金 (2)+(4) 的百分比(%)
1990	不适用	<1	0	0	<1
2000	344	2	63	<1	2
2010	701	4	476	3	7
2020	3436	8	3183	8	16

数据来源:基金资产数据来自美国投资公司协会(Investment Company Institute)、市值数据来自世界交易所联合会(World Federation of Exchanges)。

---

① 衡量投资或企业业绩增长的指标,是指在一定时间内,投资或企业的年平均增长率,考虑到复利的影响。

目前，美国的被动指数型共同基金和ETF已经在总体股票市场占据了15%以上的份额；在标准普尔500指数（Standard & Poor's 500 Index, S&P 500 Index，以下简称标普500指数）[①]等大型公司指数中，它们的占比甚至超过20%。指数基金在增长速度上超过了其他类型的共同基金。一份报告指出，"截至2021年年底，指数型共同基金和ETF的资产占据了长期基金总资产的43%，较之2011年年底的21%有了明显增长"。

为了打消政治疑虑，指数基金行业的发言人有时会借助不同统计手法以尽可能降低指数基金的增长。例如，他们会将指数基金所持有的资产与全球或美国所有公司形成的庞大资金池进行比较，试图降低人们对指数基金真实规模的认知。在治理和控制层面，构成标普500指数的大型公

---

① 标准普尔500指数是记录美国500家上市公司的一个股票指数。这个股票指数由标准普尔公司创建并维护。标准普尔500指数覆盖的所有公司都是在美国主要交易所（如纽约证券交易所、纳斯达克股票交易所）交易的上市公司。与道琼斯指数相比，标准普尔500指数包含的公司更多，因此风险更为分散，能够反映更广泛的市场变化。

司对投资者、经济和社会来说至关重要。这也是指数基金投资占股最多的领域。一个世纪前，伯利和米恩斯指出大型上市公司在美国经济中处于主导地位，这一观点至今仍然成立。指数基金对大型公司的持股比例最能体现少数者问题的实质。

　　大多数有关指数化投资兴起的报道通常采用标准数据，但实际上，这些数据无法全面展示指数化投资近期增长的真实规模和影响。表2.1的数据仅反映了被动型指数基金在美国股票市值中的最低份额，并没有涵盖其他机构持有的资产，如养老基金、保险公司和非营利组织。这些机构同样使用被动型指数基金进行资产管理，并倾向于选择相同的管理顾问。过去几十年间，外国资本在美国上市股票市场的份额有所增加，如图2.1所示。目前海外投资者持有大约20%的美国股票，其中有相当一部分是投资于指数型基金。虽然无法获得确切的数据，但可以合理推测，海外投资者要比美国企业更倾向于采用被动投资策略。在美国上市公司中，尽管某些指数资产的所有者是海外投资者，

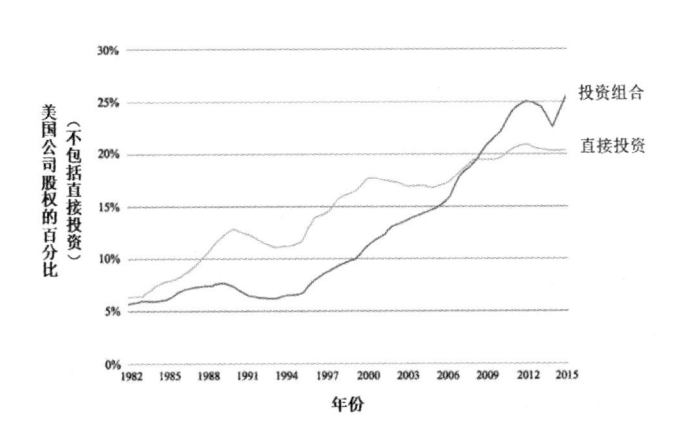

但它们的管理实际是由美国的指数基金顾问负责。

图2.1 美国股票的外资持有比例

数据来源：美国联邦储备委员会（The Board of Governors of the Federal Reserve System）[①]，"美国财务账目，表格 L230 和 L223"

结果，表面上由主动型基金持有的大部分资产实际上采取了被动指数化策略进行管理。这是因为在对基金表现进行评估时，主动型基金通常会与被动型基金进行比较。为了降低管理成本，主动型基金通常会采用被动指数化策

---

① 下文简称"美联储委员会"。

略,即持有一个特定指数①作为投资组合的基准,然后在选股时选择性地增持或减持一些公司。如此一来,主动型基金就能够有效区别于指数基金,而且还无需对每个投资组合公司进行深入的价值分析。先锋集团大体上专注于指数化策略,相比之下,其他主要指数基金管理公司——贝莱德、富达与道富——则管理着大量的主动管理型基金,而这增强了它们作为大型指数基金管理公司的治理权力。

总体而言,有关指数基金财务实力的官方数据实际上未能充分反映少数者问题的真正严重程度。

进入21世纪以来,指数基金的持有量迅速增加。我们不禁思考:这一增长的背后是什么原因?这种快速增长的根本原因是否预示着这一趋势将持续下去?如果是,这种趋势会延续多久?

在指数投资的初创阶段,机构的投资行为受到信托法的限制。受托人在履行信托责任时更倾向于选择相对低风

---

① 例如标普500指数或道琼斯工业平均指数。

险的投资。1986年至1997年，美国各州逐渐放宽了信托法规，这意味着受托人获得了更多的自由和灵活性，可以在投资中采用不同的策略，包括现代投资组合理论①。虽然法律变化可以解释为什么机构投资在进行指数投资方面存在一些滞后，但这并无法解释整个市场（包括个人和机构）对指数投资长期缓慢增加的原因。

除了法律变化，技术创新带来的降本增效是导致指数基金规模增长的另一原因。1970年到2000年，新技术的采用使得指数基金公司能更经济高效地管理大量基金投资者的信息，并将资金投资到不同的上市公司成为现实。20世纪80年代和90年代，随着电子表格、电子邮件、互联网以及台式计算机等技术在投资领域的应用，指数基金的编制和传播②变得更为便捷。

---

① 一种金融理论，用于分析投资组合的风险和收益，以实现最佳的投资组合。该理论认为，通过将资产分散投资，可以降低风险，提高收益。
② 指数基金的编制涉及选择适当的指数、确定权重以及构建投资组合等步骤；指数基金的传播则包括将有关该基金的信息传达给投资者，包括其投资策略、绩效表现、持仓等信息。

资本流向指数基金的另一个原因是全球化——信息传播降低了跨境投资的摩擦，而法律变革则减少了金融贸易的壁垒。投资者对本国的环境以及经济状况有更深入的了解，因此，在全球化的金融环境中，他们可能更愿意将资金投资于指数基金。

但问题是，一些基本却有违常理的投资理念需要很长时间才能被大多数普通投资者理解和接受。舍弃专业人士的投资建议，转而采用一种机械化、规则化和过分简单化的投资策略（类似于机器执行特定任务的方式），这属实让多数人无法接受。让财务顾问不必为自己提供个性化的投资建议，这显然是不经之谈。

随着时间推移，越来越多的雇主将指数基金作为401k计划[①]的首选选项，而美国养老金基金委员会也越来越多地

---

① 401k计划是指美国1978年《国内税收法》新增的第401条k项条款的规定，在1979年得到法律认可，1981年又追加了实施规则，20世纪90年代迅速发展，逐渐取代了传统的社会保障体系，成为美国诸多雇主首选的社会保障计划。

把部分投资组合专门配置给指数基金策略。折扣经纪商①已经蚕食了传统经纪人的业务，减少了一个可能偏向于主动管理的建议来源。当投资者认识到指数投资的优势，或者当机构决定采用指数投资策略时，由于投资者的惯性以及缺少强有力的反对论点，他们不太可能再次选择主动管理型基金。这都有助于指数投资方式的稳步推广。

大体上，指数投资未来仍会保持缓慢增长。个体投资者慢慢接受了自己既无法准确预测市场走势，也无法找到可以击败市场的投资经理，这一观点不断地为指数投资的平稳增长提供途径。而且大多数主动型基金经理都无法信誓旦旦地保证，他们的投资表现能够在扣除费用之后超越市场。

需强调的是，目前指数基金在美国大型上市公司的持股占比已经超过20%。如果这种增长趋势持续发展，到2035年，指数基金可能会在整个美国市场中独霸一方。当

---

① 一种以贴现商业票据为业务的经纪人。

然，这种增长态势不会无限延续，而是会趋于平衡：随着主动型基金管理的资产规模减小，主动型基金可能更容易跑赢指数基金。然而，即便增长势头减缓，指数基金也仍然会很快持有大量上市公司的主要股权。

规模经济

指数投资对市场集中化的影响比其规模扩大本身更值得重视。和一般的资本投资相似,指数基金也表现出规模效应,而且比其他基金类型更加凸显。从定义上看,指数基金不是一项高附加值服务,指数基金经理也不能通过服务突显差异化优势。与市场争胜并非指数基金的核心原则。规模的增长不会导致指数基金面临过大的困扰,因为要维持基金投资组合与特定市场指数相一致并不困难,只需简单按照当前市场价格购买更多的股票即可。

与此相反,随着资本的增加,试图击败市场的投资经理会面临更严峻的挑战。指数基金的成功与其建立在可靠性和低成本基础上的品牌密切相关。随着规模的扩大，其品牌的价值往往不降反升。

由于规模经济带来的竞争力，指数基金和ETF的增长速度逐渐超越它们最大的竞争对手：主动型基金。债券等有价证券领域也呈现相同的趋势，例如，先锋的指数基金在2000年还无缘前十榜单，但现在却已是全球最大的债券基金。股票领域的集中化程度则更为显著，先锋的股票市场份额也同样增长迅速。其他几家主要的指数基金提供商也拥有类似的发展趋势。

已经形成的规模经济和较小的市场差异导致指数基金的新参与者难以打入市场。相比之下，主动管理型基金一直有新的参与者和较高的周转率[①]。尽管如此，被动型基金在市场上的份额仍在增加。2009年，被动管理型资产在美国境内股票基金中的占比仅为19%，而截至2018年，其占比超过了44%。

---

① 衡量基金资产在特定时期内被买入或卖出的频率。

简而言之，指数投资的普及导致整体市场所有权的趋于集中化。当主动管理型基金牢牢把握共同基金市场的主导权时，它们的资产零星分散在众多理财顾问手中。而当指数基金在市场占据主导地位时，市场上的大型指数基金相对较少，这意味着市场的所有权高度集中在少数几家指数基金提供商手中。

迄今，全球指数基金公司三巨头——先锋、道富和贝莱德——已经控制了标准普尔500指数20%以上的投票权。值得一提的是，历史上没有哪三家投资者能持有如此多的美国上市公司股份。而且，他们的持股比例仍在不断上升。2017年，先锋拥有IBM 7%的股份，而贝莱德和道富则各自拥有6%，总计19%。到2018年底，这三大基金公司在IBM的持股比例已经升至21%。同样，它们还持有康菲石油公司（ConocoPhillips）超过20%的股份。如前所述，富达也逐渐成为一家主要的指数基金公司，并与先锋、贝莱德和道富组成"四巨头"；根据截至2022年的数据，它们在标准普尔500指数中的持股比例已经超过25%。

基金越来越趋于集中化。在标准普尔500指数中,近三分之一上市公司有20%以上的股份只由四家或更少的股东持有,这一趋势主要被归因于指数投资的增长。2005年,美国前五大基金家族管理的资产约占整个基金业总资产的35%。到2022年,这一比例已经增至54%。此外,四巨头已经在标准普尔500指数中持有超过60%的大宗股票,即持股超过5%。

然而,这些数字并没有完全反映出三巨头影响股东投票的真实能力。通常情况下,哪怕是重要的争议性选举或是由其他机构组织的选举,也有很多股东选择不行使投票权。正因如此,在竞争性选举中,20%的股份可能代表了近30%的实际选票。这部分的选票往往十分关键。另外,加上接受机构股东服务公司(Institutional Shareholder Services, ISS)和格拉斯刘易斯公司(Glass Lewis & Co.)等代理投票咨询公司建议的其他投资者的选票,以及指数投资者群体的集体投票,它们几乎总能在竞争性选举中赢得中位数选票①。

这就是指数基金引发的少数者问题。伯利和米恩斯所描绘的时代已是明日黄花，我们正迈入一个由极少数基金机构持有大型企业股本的新时代，而未来走向难以预测。与此同时，这些基金机构又是由极少数个人把控。这意味着每家公司的所有权——尤其是董事会选举的投票权——都掌握在寥寥数位任职于基金机构的个人手中。即便这一明显的趋势稍有减缓，在未来十到二十年内，美国上千家大企业或仍将被十来个人所掌控，这并非危言耸听。

指数基金如何在与管理主义共存的情况下引发少数者问题？

我们不妨回归企业治理的核心议题，深入挖掘指数基金是如何使用其资产的，同时更加透彻地揭示少数者问题

---

① 如果投票结果按照从低到高排序，中间位置的选票即是中位数选票。由于中位数是将所有投票一分为二的点，它对于决定投票结果具有特殊的重要性。根据布莱克（1948）的中间投票人定理，如果所有的投票人都具有单峰偏好，无论有多少个备选方案，在多数票规则下，最终胜出的是中间投票人（中位数投票人）最偏好的那个方案。

的本质。核心问题在于,指数基金在法律层面并没有真正掌控任何一家上市公司的运营。为了规避法律风险,指数基金谨慎地避免采取可能被解读为在法律上实际"控制"特定上市公司的行动。它们巧妙地利用了"控制"和"影响"在法律意义上的区别。尽管指数基金具有强大的影响力,但这种影响力也受到一定的限制。因此,在为投资者创造巨大经济利益的同时,指数基金也在治理层面引发了三方面的批评:过度控制,滥用控制权导致消费者权益受损,以及对管理层过于言听计从。

从政治意义上讲,指数基金集中了所有的问题和弊端:一方面面临集中化和权力过大的风险,另一方面则表现出明显的被动性和治理活动的匮乏。在行使权力推动公司变革时,他们因引发少数者问题而遭受谴责。当拒绝使用自己的权利时,他们因未能尽到管理股东财富的职责而招致批评。一些指数基金的代表通过这些对立的批评,巧妙强调自身策略的恰到好处,一如童话故事里的"金发姑娘"①。然而，在实际的政治环境中，对立的批评并不保证指数基金可以始终（或者经常）获得普遍的支持。事实上，指数基金被指责拥有太多权力，同时它们未能积极推动有关股东财富的议题，致使其合法性受到质疑。

通过持有上市公司的股票，指数基金理论上具备包括投票、监督和沟通对话在内的，参与治理的权力。事实上，指数基金有进行一些最基本的治理工作的法定义务，例如投票。此外，出于维护公共关系的考量，指数基金的顾问可能会参与一些治理活动。这些治理活动有望引起媒体关注，进而帮助指数基金以低成本高效益的方式吸引更多资本。（有人认为，这才是引擎一号在埃克森美孚发起激进运动的真正动机。）但是，当指数基金仅占据整体市场相对较小的份额时，其持有的任何一家公司的股份比例自然也很低，因此对公司治理的影响也很小——当然，这是在

---

① 童话故事《金发姑娘和三只熊》（*Goldilocks and the Three Bears*）由英国作家、诗人罗伯特·骚塞（Robert Southey）发表于1837年的著作集中，讲述了在森林里迷路的金发姑娘误闯一个小房子，发现屋子里的床、椅子和食物都有一个刚刚好的状态。

2000年之前的情况。

指数基金代表零散的个人投资者,并没有广泛参与公司治理活动的合理动机。一切治理活动所带来的收益将与投资组合公司①的其他股东共享,而相应的成本则由指数基金及其投资者负担。占股0.1%的股东通过参与公司治理活动,为投资者带来可量化和实质性利益的实例实属凤毛麟角。这是一个普遍性事实,不管是主动型基金投资者或被动型基金投资者,还是个人投资者或机构投资者。

在指数基金兴起的初期,其治理职能并未明确区别于美国上市公司的其他投资者。然而,当指数基金在所有大型上市公司中积累了超过10%(目前甚至超过20%)的股份时,其潜在的治理影响力显著提升。这要归因于指数基金规模较大且集中的特点。在一家上市公司里,1000位各自占股0.01%的个体股东理论上应当与一家持股10%的基金具有同等的投票影响力。然而,在实际运作中,基金的影响

---

① 指被指数基金所持有的、构成其投资组合的各个公司。

力远超个体投资者。指数基金特有的规模经济促进了集中化趋势,而集中化趋势又加强了指数基金的治理权力。

指数基金的影响力持续增强,它与对冲基金、其他机构股东(尤其是养老基金)和专业管理人士频繁合作,联手向上市公司管理层施加压力,推动其采取各种行动。这种合作分工的方式赋予指数基金与日俱增的实质影响力,具体体现在不同的方面,包括政策影响,左右与支持治理激进分子,参与沟通对话,尤其是争夺公司整体控制权。

指数基金顾问制订并发布有关投资组合公司董事会和管理层决策的一般性政策。这类建议并不针对特定的上市公司,而是具有普适性,例如,董事会是否应实施交错任期制,首席执行官的薪酬是否应与股东总回报或其他业绩指标挂钩,以及公司是否应披露其政治活动。

在实际的公司投票中,指数基金的政策立场通常反映了它们对公司治理、业绩和战略的看法,尽管股东无须针对这些选项进行投票表决。鉴于实际的投票和观点通常是公开的,基金顾问能够获取其他同行在公司治理、业绩和战略方面明确的看法。无需明示勾结（collusion）[①]，即可向同行和投资组合公司管理层传递高度一致的信号，清晰地表达自己的意愿。理性的公司管理层会推断指数基金提供商的预期和倾向，进而在一定程度上自发采取相应的行动，无需接受公开的具体指令或让指数基金提供商直接行使权力。

[①] 指企业之间明确达成的、违反竞争规则的协议，旨在限制市场竞争、提高价格或分配市场份额。

左右与支持治理激进分子

除了直接对政策产生影响外，指数基金顾问通过巩固一个被贬称为"亲政府"（governistas）①或"治理机器"的社群网络，进一步强化了影响力。这一社群由公司治理激进分子组成，涵盖了学者、公共养老基金经理与员工、个体活跃分子，以及机构股东服务公司和格拉斯刘易斯公司等代理投票咨询公司的从业人员。在这个过程中，指数基金会与其他主要机构股东代表召开会议，举办地点有时就设在本书作者所属的机构（哈佛法学院）。虽然与会者

---

① 葡萄牙语，相当于英文"pro-government"。

有意将会议讨论范围限定在治理政策层面，避免探讨公司的具体问题，但是他们仍难免就如何全面处理某些问题交流意见并形成共识。这对于问题的具体解决方案产生了明确的影响。此类观点和讨论是指数基金顾问政策制定过程的一部分，这些政策可根据具体情况进行灵活调整。如此一来，他们便可以在许多（甚至可能是所有）股东例行投票的议题上达成一致的立场。

因此，一家主要指数基金顾问宣布支持或反对某个特定治理立场的声明可以极大地影响那些就相关议题发表观点、进行辩论，并形成投资社区意见的人。例如，在埃克森美孚与引擎一号打响代理权争夺战之前，贝莱德已经推动埃克森美孚披露了全球气候变化政策对投资组合的长期影响。当贝莱德宣布支持要求披露此类信息的股东提案时，其声明不仅是对自身投票意向的明示，更激发了媒体关注的浪潮，从而让其他金融机构和治理专业人员认为类似的环境信息披露已成为业内更为主流和认可的做法。其实，早在贝莱德发表声明之前，先锋已经投票支持了这一股东提案,尽管媒体报道指出,先锋针对环保议题的股东投票行为通常比其他大型投资者更为保守。2017年埃克森美孚的投票结果推动了更多公司在2018年采取措施,以确保在相关议题上不失去股东的支持,这或许在某种程度上正是促使引擎一号选择在当时启动投票活动的原因。

另一种影响途径是通过机构股东所谓的"沟通对话"。他们的团队通过面对面会议、电话交流,甚至信函或邮件,与投资组合公司的代表进行沟通。机构股东试图在会议期间对投资组合公司的管理层施加影响,包括在会上传达自身的政策立场,概述他们解决新问题的策略,表达他们对管理层以及管理层如何处理企业挑战的看法。这类沟通对话可能持续数分钟或数小时不等。

据贝莱德2019年治理报告披露,自2018年7月至2019年7月,该公司与近1500家企业进行了超过2000次的沟通对话,包括与375家企业进行了"多次会议"。这一数据较2017年大幅增加,当时贝莱德披露的沟通对话约为1300次。在同一时期,道富披露的沟通对话共计1533次,而先锋则从2014年的443次增至868次。在具体的议题方面，道富透露，他们在董事会性别多元化问题上与1350家公司进行了沟通对话，其中43%的公司"通过增加女性董事或承诺未来将增加女性董事来响应我们的呼吁"。

虽然机构股东进行沟通对话的成本不高（例如通过发函），但所传递的信息却可以对投资组合公司产生重大影响，特别是通过公司管理层的传导效应。这些沟通对话向公司管理层传递了重要信号，指明了在控制权争夺、激进运动和兼并等特定议题或事项的投票中，投资者可能的态度和行动。对这类事件的展望预测以及指数基金在其中的影响力，构成了企业管理层积极响应指数基金意愿的强大动力。

在"沟通对话"的影响途径中，尤其在控制权争夺、激进运动或兼并的情境下，指数基金可以发挥最大的影响力。具体而言，当管理层提出一项需要股东投票的兼并提案；或者当其他股东（通常是对冲基金）提议出售，试图在董事会安插人手；或者开始全面争夺公司控制权的代理权时,指数基金的影响力显著增强。与普通股东提案类似,指数基金在争议性的兼并投票或控制权争夺中的立场至关重要,尤其在主要的指数基金持有相似立场的情况下。

在2019财年(2018年8月—2019年7月), 贝莱德对反对性提案的支持率从2017年的19%增加到31%。据先锋报告,他们在2018年和2019年分别参与了超过7500次的兼并投票,对600多个兼并提案投出反对票。虽然这个数字只占兼并投票总数的一小部分,但它的绝对值很大①,足以对策划兼并提案的管理层产生足够的威慑——因为兼并投票失败会给公司和管理层造成巨大的损失。根据道富发布的2019财年报告,他们参与的"沟通对话"有6%涉及代理争夺及并购等议题。

指数基金在实际发挥影响时确实存在一些前提条件。指数基金要通过这一途径发挥实际作用,就需要有其他参

---

① 当原始数量(基数)较小时,即使经历较大的相对变化(以百分比表示),其绝对变化仍相对较小。相反,当基数较大时,即使经历较小的相对变化,其绝对变化也很大。这凸显了相对变化在不同数量级下产生的不同绝对影响。"绝对值和比例"经常出现在国家和企业的统计报告中。

与方首先采取行动,例如,主动型对冲基金或其他激进股东提出一项决议或争夺董事会席位(类似于埃克森美孚的代理权争夺战),或是一家上市公司的管理层提出兼并等需要投票的事项。然而,公司管理层知道这类事件的发生是常态,也知道指数基金将对事件的结果起到关键作用。

具体而言,当指数基金开始与一家上市公司进行沟通对话时,公司首席执行官便心领神会,公司在其领导任期结束前可能会出现控制权争夺、激进运动或兼并等重大事件。在这些关键时刻,首席执行官会密切关注事态的发展。他们清楚,在股东投票时,指数基金会仔细评估公司是否顺应股东的意愿。公司在与指数基金的沟通对话中所展现的声誉和建立的关系将会在未来的投票中发挥关键作用。

回顾指数基金顾问如何行使权力,掌控上市公司的举动,我们可以总结为:它们既不是纯粹地行使控制权,也不同于20世纪伯利和米恩斯时代公司投资者的被动态度。指数基金经理并非只是简单地根据特定的指数选择要纳入投资组合的股票,然后不再进行主动的干预或管理;相反,他们正日益通过多种途径来影响不同规模和类型的上市公司。他们对治理问题的立场、对首席执行官的评价、对公司变革的期望，以及对对冲基金活跃分子提案的回应和评估，所有这些都深刻地影响着美国经济核心机构的运营。

对冲基金活跃分子往往会盯上绩效出现滑坡的大公司。这时，指数基金对公司管理和战略的态度将决定它们对对冲基金提出的提案表示支持、反对还是中立。从削减成本到技术投资，从并购交易到企业合规支出，在做出无论是普通决策还是特殊决策时，指数基金对董事会的压力知觉（perceived pressure）①都是至关重要的。

这些决策的影响会迅速扩散到整个经济和社会的运作。提高股东投资回报的压力可能导致裁员；指数基金支持激进分子所带来的威胁会导致投资缩水；减少合规预算会增加贿赂、集体侵权、欺诈或反垄断违规行为等风险。

---

① 压力知觉是指大脑对于外界事物反应产生的结果，是大脑对于外界事物反应之后，进行组织加工的过程。简单来说就是个人对外界事物的主观反应。

指数基金经理有能力影响外部效应（如气候变化）和寻租行为①（如政治腐败）的发生率和严重程度，并左右局势。这一小群未经选举产生的代理人基本是在幕后运筹帷幄，越来越深刻地影响着成千上万人的生活，而人们却几乎不知晓这些代理人的存在，遑论了解他们的身份或倾向。

---

① 寻租（Rent-seeking）是寻求经济租金的简称，又称为"竞租"。它是指凭借政府准许的特权取得垄断地位并获取垄断收益的行为。

私募股权的发展史

阿波罗、黑石、凯雷和科尔伯格·克拉维斯·罗伯茨等私募股权基金对美国资本主义的合法性和问责制造成了严重冲击，且影响程度毫不逊色于指数基金。与指数基金通过购买公司股票来获取公司控制权不同，私募股权基金通过采取全面接管的手段，使这些公司摆脱了SEC的披露制度。私募股权基金正在酝酿一场独特的少数者问题。

私募股权公司已经超越了20世纪70年代至80年代的买

入-剥离资产-卖出（buy-strip-sell）模式①，演变成一个长期持有，并行于资本市场的体系。如今，私募股权公司可以进行机构内部交易，其资本积累速度超过了上市公司和美国整体经济的增长速度。一方面，指数基金正逐渐主导典型的伯利-米恩斯式上市公司，另一方面，私募股权基金却迅速地将资本从这些公司转移到一个独立的所有权和控制权系统。根据私募股权行业组织发布的报告，2020年美国私募股权领域就业人数达到1170万，占私营企业总就业人员的九分之一。

　　私募股权一定程度上采用了规避监管的长期策略。私募股权基金的结构经过精心设计，不会触发相关的披露法规。通过游说和施加政治影响，私募股权行业参与制定了与其相关的法规。一旦私募股权基金接管了某家企业，该企业随即进入"黑箱"模式，即停止公开披露财务信息。

---

① 这是私募股权公司在过去常用的一种策略。在这种模式下，私募股权公司首先购买一家公司（买入），然后通过剥离或重组公司的资产（剥离资产），最终将剥离后的公司或资产卖出（卖出），以期获取投资回报。这种策略通常注重短期内快速获利，而不是长期持有和发展企业。

研究人员和私募股权专业人士对这些结果尚且知之甚少，公众更是不得而知。因此，有关私募股权的整体评估必然是一场探索之旅。但尽管掌握的信息有限，我们也已经嗅到了正在悄然酝酿的少数者问题的气息。

私募股权的高明之处在于其推广了"私募股权"这一具有迷惑性的术语。私募股权中的"私密"（private）与"公开"（public）对立，是指一个或一小群所有者，也有可能是某位创业企业家。这个标签旨在通过将私募股权与私有财产的合法性联系起来，赋予私募股权一种积极、合法的形象，而这种私有财产的合法性正是上市公司随着股权的分散而丧失的。

然而，私募股权基金不会向单一的个人或小团体集资，而且也很少与企业创始人直接合作。相反，它是通过广泛的个体投资者网络来筹集资本，这一点与上市公司相同。但巧妙之处在于，私募股权基金是通过养老基金等其他金融机构来筹集资本的。如此一来，私募股权基金就可以依赖法律拟制（legal fiction）[①]的方式来计算其所有者权益，这一点又与面临严格信息披露要求的上市公司不同。相较于伯利和米恩斯在其经济学著作中使用的"私有财产"一词的内涵，"私募股权"很少涉及传统概念上的"私有"特征。

[①] 法院为了适用某一法律规则而假设的一个并非必然成立的假设。在这个语境中，私募股权基金可能通过法律上允许的某些构想或假设，创造一种在法律框架内的假象或虚构状态，以便更灵活地计算其所有者权益。

私募股权基金概述

私募股权基金由金融咨询公司设立。这些公司及其个体管理层通常会按照私募股权基金总资本的1%投入自有资金。如图3.1所示,私募股权基金其余资本主要来自养老基金等机构。与指数基金的运作方式类似,私募股权基金会利用这些资本来投资经营型企业。

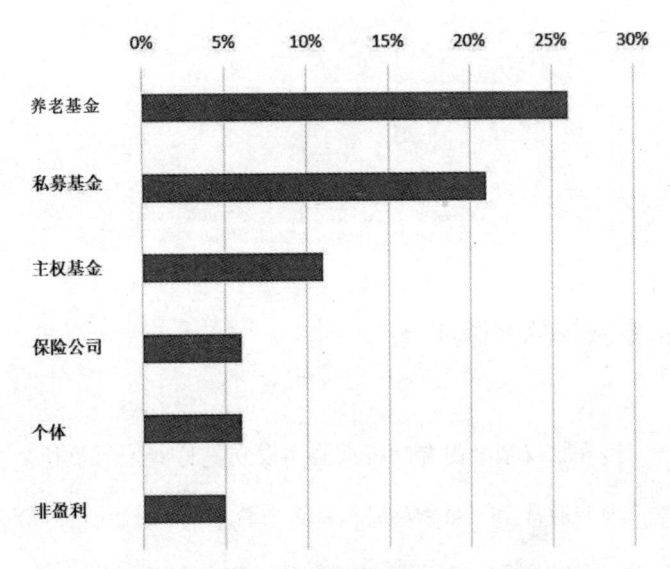

图3.1 （美国）私募股权基金资本来源占比

指数基金是通过小额、逐笔购买股票的方式进行投资，其总规模因累积效应而呈现显著增长。与此不同，私募股权基金通常采用全盘收购策略，通过一次性购入一家公司的全部股票来实现全面接管。20世纪70年代至80年代，这类兼并被称为"收购"。基金利用金融杠杆效应，通过借入资金放大自有资金的投资规模，从而获得更大购买力。

3 私募股权的发展史

因此，它们的交易被称为"杠杆收购"（leveraged buyout，LBO），而整个行业则被称为LBO行业。这种收购活动持续至今——大多数私募股权交易都是通过举债支撑的方式来实现公司的全盘收购。大多数私募股权基金的主要资产都集中在收购基金（buyout fund）①中。

私募股权基金与指数基金的另一区别在于监管框架。指数基金需要接受严格的合规监管，而私募股权基金则享有此类监管的豁免权，而且私募股权顾问只须接受宽松的《投资顾问法》（*Investment Advisers Act*）②监管。不同于指数基金，风险投资和对冲基金等私募股权公司有权收取潜在的、丰厚的激励费用。一般而言，私募股权公司会收取2%的管理费以及20%的利润份额。私募股权公司在投

---

① 一种投资基金，专门用于收购其他公司的股权或资产，通常通过杠杆收购（借款）来实现。

② 1940年的《投资顾问法》是美国联邦法律，用于规范和定义投资顾问/顾问的角色和责任。部分受到SEC于1935年向国会提交的关于投资信托和投资公司的报告的推动，该法案为监督那些就投资事项向养老基金、个人和机构提供建议的人提供了法律基础。它指定了什么是投资建议，并规定谁必须在州和联邦监管机构注册才能分发它。

资表现良好时可以获得较大的盈利，甚至在投资结果不佳时仍有一定的盈利机会。但这种"正面我赢，反面你输"（heads I win, tails you lose）①的非对称费用结构在指数基金领域则是非法的。

　　私募股权基金与其投资者的关系也不同于指数基金。指数基金通过每日赎回和出售股份的方式提供了较为灵活的流动性，而私募股权基金则通过募集资本承诺（capital commitment）②的方式运作，一旦投资某家企业，投资者需要等待多年才能退出。每个私募股权基金通常都设有终止日期，一般是从成立之日起的7到12年后——这实际上是指提前预设的清算承诺。

---

① 不管硬币是正面还是反面，结果都是私募股权基金赢，即无论如何都不会输。
② 一家公司或组织在未来一段时间内计划投入的资本支出，通常是用于购买资产或进行项目开发等。

因此，私募股权基金在收购企业后会制定退出策略①，以期为投资者提供现金回报。它们不属于真正的"投机者"，很少频繁快速地买卖公司。但它们也不是长期投资者，持有一家公司的时间中值是6年。最初，私募股权投资基金主要通过IPO退出。随着时间的推移，其他退出方式变得越发普遍，包括出售给上市公司、出售给其他私募股权基金（二级收购），以及最近兴起的，出售给同一私募股权公司旗下的新基金（延续收购）。

私募股权基金为被收购公司提供运营和战略建议，致力于改善它们的经营效率和重塑战略定位。私募股权公司在收购时通常会借入大量债务资本，因此它们需要与银行、保险公司、对冲基金以及其他提供贷款的机构（甚至可能包括其他私募股权基金）保持密切联系。由于肩负大量债务，再加上早已规划好的退出策略，私募股权会努力促使

---

① 私募股权基金的运作可以分为四个阶段，即募集资金、选择项目、投入资金、退出获利。作为私募股权基金的最后一环，退出是私募股权基金在其所投资的企业发展到一定阶段后，将股权转化为资本形式从而获得利润或降低损失的过程。

被收购公司迅速提高其现金流。为此，它们采取了一系列手段，包括成本控制（经常通过裁员的方式）、削减资本投资，以及通过优化产品组合和营销策略来提升利润率和销售额。

私募股权公司通常处于核心地位，旗下拥有多个基金，如同车轮的轮毂连接着不同的辐条。这些不同的基金在发展阶段上有所不同，有些处于建立初期，有些正在寻找交易机会，还有一些正处于企业收购的退出阶段，而另一些则处于基金周期结束阶段。私募股权集团是一个名副其实的复杂整体。约瑟夫·熊彼特（Joseph Schumpeter）认为"创造性破坏的风暴"是资本主义的"本质性事实"，而私募股权正是对这一观点的程式化描绘，其主要特征是不断的变动和调整，包括募资、交易和变革管理等业务活动。

当前，超过三分之一的美国公司股权由非上市公司管理，其中由私募股权基金拥有的企业增长最为迅猛。美国私募股权公司不仅在全球范围内实现了多元化，还扩展到了其他金融业务。私募股权公司已经与对冲基金、券商和风险投资基金建立了战略合作关系。它们调整了基金的支持方向，不再专注于传统的企业收购，而是更注重房地产和信贷领域。

私募股权在经济中的占比持续攀升，预计2022年私募股权基金有望筹集逾1万亿美元的新资本。届时私募股权基金的总资产管理规模将创下12万亿美元的历史新高。根据美国联邦储备系统（The Federal Reserve System，以下简称美联储）数据显示，2020年私募股权管理资产占总公司股本的18%，较2000年的4%有显著增长。2000年至2020年，私募股权管理资产的复合年增长率达到了惊人的15%，遥遥领先于整体经济的3.6%。

与风险投资公司专注于投资初创企业不同，现代私募股权基金的先驱者致力于在成熟行业中发掘现有企业并进行全面收购。在私募股权行业发展的早期阶段，他们通常将目光投向那些正在由企业创始人过渡到第二代管理者的家族企业，并积极利用债务融资作为其战术的关键一环。1976年，三位曾在贝尔斯登投资银行（Bear Stearns）工作的银行家合伙创办了KKR集团。

随着野心的不断膨胀，KKR等私募股权基金开始瞄准那些在20世纪70年代经济低迷时期表现不佳的上市公司。这些交易使被收购的上市公司私有化，即所有权在法律上归属收购基金这一合法所有者，股票也不再在证券交易所挂牌交易。被收购的公司不再受到SEC披露规定的约束。许多人认为这种收购的结果及其动机具有负面影响，因为它降低了公众对上市公司的了解程度，也削弱了公众对资本主义体系的信任。

私有化引发了一系列与金融相关的问题。相较于多元化的分散投资者，为什么集中型基金愿意支付更高的价格来收购一家企业？此外，私有化过程也可能存在利益冲突。收购基金通常会要求目标上市公司的现任管理层参与投资收购，如此一来，管理层在交易中就有了双重身份——既是卖方，又是投资方。如果交易价格较低，管理层及私募股权基金就能获得更多收益。然而，管理层在此过程中又须履行受托人职责，他们理应通过争取更高的交易价格来维护公司股东的权益。

更根本的问题在于,在企业被收购后,为什么公司管理层能够从后续的改革中获得经济利益,而在收购之前的普通股东却未能分享这些利润?很多人认为,这可能是因为管理层在收购前通过故意表现不佳、拉低股价,或泄露内幕信息来吸引收购。当知名公司被管理层以较低价收购,随后不久又以更高价重新上市时,人们便会质疑,公司经理是否在私有化过程中利用内部信息或职位优势来谋取私利。这些疑虑至今仍笼罩在整个行业。

20世纪70年代末,一些法律改革对于管理层收购(Management Buy-Out, MBO)[①]实施了更为严格的审查标准。尽管如此,私有化行为仍持续存在,并为20世纪80年代的收购热潮埋下了伏笔。实际上,在20世纪80年代,杠杆收购中的杠杆作用不再是一种边缘现象,而是逐渐成为

---

① 管理层收购的定义是,目标公司的管理层与经理层利用所融资本对公司股份进行购买,以实现对公司所有权结构、控制权结构和资产结构的改变,实现管理层以所有者和经营者合一的身份主导重组公司,进而获得产权预期收益的一种收购行为。

企业金融的核心组成部分。那个时代最著名的金融家迈克尔·米尔肯（Michael Milken）开始相信，垃圾债券的价格被低估了——传说中，当时他还是一名年轻的交易员，每天凌晨4:30便从新泽西郊区通勤到华尔街，途中还会头戴着一盏矿工头灯，专注地阅读着上市公司的年报。

垃圾债券是指风险较高、不符合投资级别标准的债务证券。相对安全的债券比股票更具可预测性，因此它们更加吸引那些寻求风险规避，持谨慎态度，或对流动性有要求的投资者。过去，垃圾债券的发行者通常是那些"堕落天使"（fallen angel）①——因债务违约风险而陷入困境的公司。米尔肯总结道，这些垃圾债券在市场上受到了过度的负面评价，而且在构建多元化投资组合时它们的定价相对较低。即使考虑到投资中的风险并作出相应调整，购买这些垃圾债券也有望实现高于市场平均水平的回报。

---

① 堕落天使是指原来属于"投资级"以上的债券发行人，但由于公司经营状况恶化或某些特殊事件的发生，导致信用资质下降至较低的"投机级"。但仍可以通过发行高收益债券来获得资金，待经营好转后，债券评级会被调升。

经过大量销售员的口口相传，有关垃圾债券的故事变得几乎人尽皆知。更重要的是，高风险债券的利息收益在当时享有税收减免特权。实际上，居高不下的企业税率为该投资产品带来了政府财政补贴，最终推动了杠杆收购的增长。

随着杠杆收购的规模飙升，越来越多规模巨大、声名显赫的公司被纳入可收购范围之内。截至1989年，一些全球龙头企业纷纷成为收购目标。

收购活动及收购基金在数量和资产上均呈现出增长趋势。1984年成立的贝恩资本（Bain Capital），1985年成立的黑石集团，以及1987年成立的凯雷集团，都是这一繁荣时期的见证者。昔日金融领域的小配角傲然崛起，发展为一个独立且厚利的行业。KKR集团的创始人之一亨利·克拉维斯（Henry Kravis）变得家喻户晓，至少在华尔街圈子中如此。HBO更是制作了剧情片《门口的野蛮人》

（*Barbarians at the Gate*）①。

在20世纪80年代，收购行为在当时还与敌意收购和内幕交易紧密相连。受到全球化和20世纪70年代经济低迷的刺激，收购基金与当时的企业掠夺者展开了激烈的竞争，并在这个过程中获得了新的角色。德州石油商T.布恩·皮肯斯（T. Boone Pickens）等掠夺者将整个石油和天然气行业的管理层斥为无能之辈，并以恶意收购为威胁手段进行绿票讹诈（greenmail）②。购买方对目标公司进行大规模重组，强制进行资产剥离、裁员或清算。下岗和工厂关闭潮席卷了美国：1981年至1983年，五分之一的蓝领工人失业。拉里·萨默斯（Larry Summers）和安德鲁·施莱弗（Andrei Shleifer）等著名经济学家认为，20世纪80年代的收购行为

---

① 由格伦·乔丹（Glenn Jordan）执导的剧情片，詹姆斯·加纳（James Garner）、乔纳森·普莱斯（Jonathan Pryce）参加演出。该片讲述了史上最强并购战：KKR用250亿美元收购美国最大的烟草食品公司雷诺兹·纳贝斯克。

② 指大量购买某公司的股票，迫使对方溢价回购。

是对工人和社区的"信任背叛"(breach of trust)①。

收购潮势头如虹,哈佛商学院的迈克尔·詹森(Michael Jensen)等支持者预言上市公司将成为下一个渡渡鸟②,即将灭绝。然而,事实是杠杆收购过犹不及,最终深陷丑闻旋涡。1986年,德崇证券公司(Drexel Burnham)③实现了5.455亿美元的盈利,不仅创下了公司盈利的新高,同时也刷新了华尔街金融公司有史以来的最高纪录。但就在同一年,德崇证券公司的交易员丹尼斯·莱文(Dennis Levine)承认了四项重罪,SEC对此展开了调查,最终以内幕交易、操纵和欺诈等罪名起诉了德崇证券。

在曝光迈克尔·米尔肯可能存在的非法秘密交易后,德崇证券公司认罪并同意支付6.5亿美元的罚款,这是迄

---

① 指一个有义务以他人利益为重的人利用自己的地位谋取自己的利益。
② 仅产于印度洋毛里求斯岛上一种不会飞的鸟,这种鸟在被人类发现后,仅仅200年,便由于人类的捕杀和人类活动的影响彻底绝灭,堪称是除恐龙之外最著名的已灭绝动物之一。
③ 一家曾经存在的美国投资银行,20世纪80年代曾经是华尔街最大的债券交易商之一,但在1989年因为证券欺诈罪被迫宣布破产。

今根据证券法处罚的最高罚款。垃圾债券市场宣告关闭。在随后一年，垃圾债券违约率翻了一番；德崇证券公司、梅西百货（Macy's）和环球航空（Trans World Airlines）先后破产。数百家银行和储蓄贷款机构（Savings and LoanInstitutions, S&Ls）倒闭，迈克尔·米尔肯锒铛入狱，经济陷入衰退。

一些人会猜测收购活动是否会复苏。尽管仍然有新基金涌现，例如1990年成立的阿波罗集团以及1992年成立的德州太平洋集团（Texas Pacific Group, TPG），但是此后数年都没有再出现高调的收购案。几乎无人预料到，收购公司会在接下来的四分之一个世纪里迎来急剧扩张。更甚者，极少人意识到政治是推动这一发展的关键因素。

私募基金法律桎梏解除，"私募股权"再度崛起

尽管在20世纪80年代，收购活动逐渐增多，但这个行业仍只是金融领域的一个小分支。专注于收购的企业规模之小，完全无法与银行和保险公司相提并论。1989年，KKR集团仅有60名员工，而当时花旗银行（Citibank）和美林证券（Merrill Lynch）已经分别拥有50000名和44000名员工。如今，KKR已经拥有数千名员工和数百名专业人员。是什么促使这个行业在20世纪90年代中期的再度崛起和蜕变呢？

在回答这个问题时，我们需要综合考虑政治、公关、游说和去监管化等多个方面的因素。美国风险投资协会

（National Venture Capital Association）成立于1973年，由主要的风险投资公司组成，它一贯通过游说活动为私募股权基金提供支持。风险投资和私募股权将自己的目标粉饰为"去监管化"，这类游说活动成功地在大部分美国民众中树立了声望。但他们所追求的政策变革具有寻租和保护利益集团的典型特征，很少能够完全实现去监管化的目标。很多由政府财政补贴的风险投资最终为大型金融机构和已上市公司带来了盈利。然而，将风险投资和私募股权与小型企业关联在一起所产生的公共关系价值——在公共舆论中创造一种积极的形象或价值观——这种做法实际只是一种游说策略。

在支持去监管化的卡特/里根时代[①]，游说活动卓有成效。1978年，SEC允许企业家在不受监管的情况下筹集最高50万美元，这标志着一项真正的小企业改革。但迫于游

[①] 指1977年至1989年，分别是吉米·卡特（Jimmy Carter）和罗纳德·里根（Ronald Reagan）担任美国总统的时期。吉米·卡特在1977年至1981年间担任总统，而罗纳德·里根在1981年至1989年间担任总统。

说团体的压力，美国国会在1980年扩大了豁免范围。SEC积极响应，并于1982年在证券法中制造了一系列新的漏洞，即条例D（Reg D）[①]，为大型私募股权公司提供了更为宽松的法律环境。

根据条例D，企业可以从不限数量的来自中等富裕阶层的合格投资者处募集无上限的资本。真正的小型企业可以利用条例D进行融资。但随着时间的推移，许多与小型企业根本毫不相干的企业也利用这项法规进行融资，其中包括21世纪第二个十年的技术"独角兽们"——估值超过10亿美元的非SEC注册公司，例如博尔特科技（Bolt）、红迪网（Reddit）以及语法利器Grammarly等超过500名员工的企业。

风险投资和私募股权行业在其他方面的游说工作也颇有成效。

[①] 条例D又称为私募融资法规（Private Placement Rules）。条例D没有融资上限，而且只针对认证的合格投资者（包括美国和非美国公民的合格投资者）。

● 1978年，美国政府放开了"谨慎人规则"（prudent man rule）①，允许养老基金投资高风险资产，例如风险投资和收购基金

● 1981年，美国国会制定了一项沿用至今的研发费用税收抵免制度。这项税收抵免适用于所谓的前沿研究，例如餐厅的新菜单项目以及用于评估社交媒体提及（social media mentions）②的智能手机应用

● 1982年，美国国会要求联邦机构拨款支持雇员不超过500人的企业，到1997年，每年的拨款额增至11亿美元。尽管名义上该专项拨款适用于任何小型企业，但超过40%的津贴最终流向由风险投资主导的州份（加利福尼亚和马萨诸塞州），而且个别的公司通常可以获得多次津贴

---

① 是指在养老金计划和养老基金的投资管理过程中，投资管理人应当达到必要的谨慎程度，这种必要的谨慎程度是指一个正常谨慎的人在与他们从事财产交易时所应具有的谨慎程度。
② 指在社交媒体平台上与某个特定主题、品牌、人物等相关的提及或讨论。

风险投资和私募股权（以及后来的对冲基金）的政治联盟在1996年迎来了巨大回报，然而，至今仍有许多美国资本市场观察员未能充分认识到这一转变的重要性。这次游说行动瞄准私募股权基金受到的主要法律限制之一，即1940年的《投资公司法》（Investment Company Act）。该法规旨在限制金融机构的杠杆操作，规范激励性薪酬，并提高受监管基金的透明度——这些法规的目标无一不与私募股权公司的商业模式互相抵触。

1996年颁布的《全国性证券市场促进法》（National Securities Markets Improvement Act）成为比尔·克林顿（Bill Clinton）执政期间"为金融利益而牺牲公众利益"的典型代表。该法案允许基金向不限数量的机构或个人筹集不限数额的资金，但每个机构或个人的投资体量至少要达到500万美元，而此前，私募基金的投资者上限为100人。自1996年起，私募股权基金（以及风险投资和对冲基金）可以从数百甚至数千家机构筹集资金。由于私募股权基金当前主要通过机构投资获取大部分资本，它们可以保持

"黑箱"模式，而且在规模上不受任何法律限制。

因此，私募股权基金的规模迅速扩大。无独有偶，1996年的《全国性证券市场促进法》颁布之后，美国企业的IPO数量长期呈下降趋势。自1996年起，越来越多的公司选择推迟或完全撤销公开上市，减少公开披露的透明程度，以及规避SEC的监管。直到2021年，在短暂有利的市场条件下，IPO数量才再次迎来显著增长。

3 | 私募股权的发展史

收购基金狡黠巧变,换上"私募股权"新马甲

一场并不直观但同样关键的品牌重塑对收购基金的再度崛起功不可没。众所周知,遵循"借—买—裁员—破产"模式的大规模杠杆收购一直以来都在政治上备受争议,并在1989年栽了一次大跟头。为此,收购公司主动进行了品牌调整,最终确立了"私募股权"这一新身份标签。

这一术语长期用于指代没有在SEC注册的公司所有者,包括接受风险投资支持的公司,以及由创始人或家族拥有的公司。20世纪80年代,在收购公司齐心协力的努力之下,成功让世人相信杠杆收购行业似乎已经不复存在。就连行业评论家如今也偏向使用"私募股权"这一政治色彩相对

较淡的词。

1980年至2000年，企业如何进行品牌重塑的事件常见诸商业新闻报端。20世纪80年代中期，KKR自豪地宣称自己是一家"收购专业公司"。随着美国1989年的经济崩溃，公司将战略转向困境投资（distressed investing）①，不过媒体仍然将其界定为收购公司。此后，它逐渐开始追求其标榜的"杠杆建设"（leveraged buildups）——利用投资组合公司和债务融资为同一行业的许多小型收购提供资金。例如，截至1994年，KKR的K-III基金已经斥资4.61亿美元，收购了200种不同的出版物。1995年，一位分析师指出，某位不具名的观察员认为此类扩张实际上表明"收购业务已演变为私募股权融资业务"。截至1996年，KKR已经募集到了史上第二大规模的资金，《金融时报》（*Financial Times*）将其描述为一家投资公司，且业绩"几乎可以媲美……其他私募股权基金"。尽管大众对KKR杠杆收购烟

---

① 一种投资策略，旨在购买那些处于财务困境或濒临破产的公司或资产，以期在未来获得高额回报。

草公司雷诺兹·纳贝斯克的记忆犹存，但它现在更多地被定位为一家私募股权公司。在长达390页的KKR 2021年年度报告中，"收购"一词仅在引述管理层收购的时候出现了一次，而"私募股权"则出现了193次。

毋庸置疑，公众并未遗忘收购交易的历史，但重塑品牌的大胆尝试着实令人拍手称绝。哈佛教授在1993—1994学年推出了一门名为"风险投资和私募股权"的课程，这对私募股权的品牌重塑也起到了一定的助力。美联储委员会在1996年一项根据行业采访进行的研究也无意间发挥了作用。该研究将风险投资与收购基金融合为一，统称为"非风险投资型私募股权"。

通过采用新的命名方式，私募股权公司成功摆脱了与杠杆收购相关的负面形象，如过度债务、裁员和破产。然而，品牌重塑实现了一个更为微妙但重要（同时也具有欺骗性）的目标：掩盖它们拥有被控制公司的经济所有权的本质。"私募"的对立面是"公开"，这意味着只有少数投资者在私募股权拥有的公司中拥有权益，否则，这些公司就需要在SEC注册。从法律和形式上看，私募股权基金的投资组合公司实际只有一个股东，即基金本身。私募股权这个新标签代表了单一所有者公司的属性，强调了隐私、私有财产和私人倡议——这些属性都是伯利和米恩斯认为大型上市公司在20世纪初所失去的，因为它们的所有权分散在成千上万的投资者手中。

　　私募股权这个新标签的欺骗性质主要体现在私募股权基金的投资者结构上。与曾经的情况不同，私募股权基金不再主要依赖少数富裕人士的资金，而是更多地从机构获得支持。这些机构本身从数百甚至数千人那里筹集或代表他们持有资金。因此，一个私募股权基金的经济受益者人数可达数千人。私募股权基金和私募股权公司并没有消除伯利和米恩斯在1932年提出的问题。私募股权公司所有者和上市公司投入的资本都是来自外部投资者，也就是"别人的钱"。因此，私募股权所控制的公司不应被过度标榜为"私人公司"——与通用汽车（General Motors）和埃克森等大型上市公司一样，这些公司同样涉及公共投资，而不是完全私有。事实上，私募股权公司的增长速度一直以来都快于上市公司，而且所有权结构也表现出更高的集中度。

私募股权：1995年至今的剧烈扩张

随着法规的逐渐放松、1990—1991年经济衰退的渐行渐远，以及品牌形象的提升，私募股权基金自20世纪90年代初期的低谷起步，实现了稳健的增长。根据最早的不完全数据和未经核实数据显示，截至2000年，私募股权基金的全球资产管理规模约为7700亿美元。截至2021年，收购基金的全球资产已累计达到12.1万亿美元（图3.2）。

私募股权行业的增长速度是美国整体经济增长速度的四到五倍。

私募股权在21世纪第一个十年中期的一波大规模收购浪潮中表现得异常瞩目。在全现金交易中，私募股权交易

管理资产（单位：10万美元）

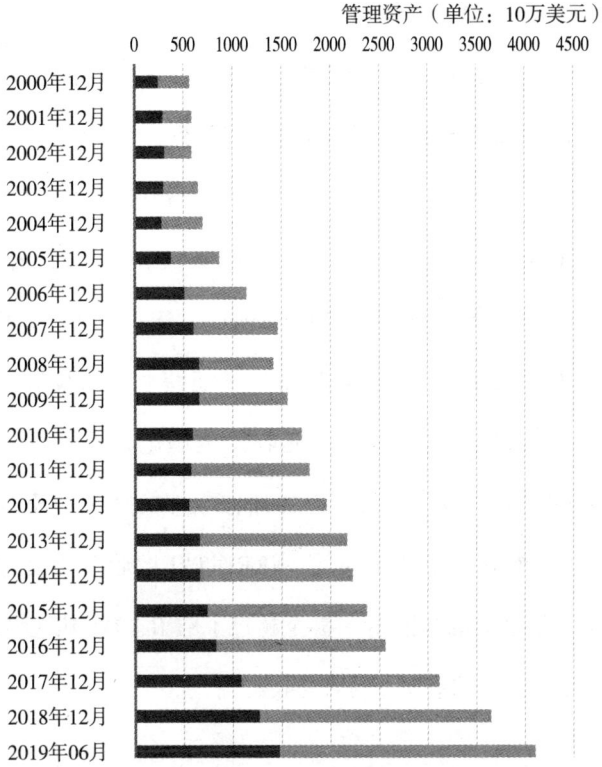

日期	
2000年12月	
2001年12月	
2002年12月	
2003年12月	
2004年12月	
2005年12月	
2006年12月	
2007年12月	
2008年12月	
2009年12月	
2010年12月	
2011年12月	
2012年12月	
2013年12月	
2014年12月	
2015年12月	
2016年12月	
2017年12月	
2018年12月	
2019年06月	

■ 备用资金（单位：10万美元）　■ 未实现价值（单位：10万美元）

数据来源：普瑞奇（Preqin Pro）

**图3.2　普瑞奇图表显示2000年至2019年
资产管理规模呈上升趋势**

占2006年至2010年所有收购活动的四分之一以上，相较之下，这一比例在20世纪80年代不到十分之一。随着美国经济逐渐走向2007—2008年金融危机，私募股权公司开出的支票金额越来越大，收购的企业规模也越来越大。仅在2007年，超大规模的公司收购案包括KKR以320亿美元收购美国德州能源（TXU Energy），KKR以260亿美元收购美国第一资讯（First Data），亚特兰蒂斯投资管理公司（Atlantis）[1]以250亿美元收购美国电信公司欧特尔（Alltel），以及黑石集团以200亿美元收购希尔顿全球酒店集团（Hilton Worldwide）。KKR对TXU的收购交易迄今仍是规模最大的收购案，甚至超过了KKR在1989年对烟草公司雷诺兹·纳贝斯克的著名收购[2]。

---

[1] 亚特兰蒂斯投资管理公司于1994年由三位曾效力于全球性资产管理公司施罗德的基金经理在伦敦创立。

[2] KKR在1986年收购美国最大的烟草公司雷诺兹·纳贝斯克的价格为246亿美元。

3 私募股权的发展史

私募股权行业为华尔街带来的收益超过了其他任何行业。21世纪第一个十年中期,银行通过私募股权交易获得的手续费超过了传统企业交易的手续费。一定程度上,这种庞大的资金流动源于私募股权的基本业务模式:买进卖出。私募股权基金每5—10年就会进行一次公司买卖。它们的交易频率要高于上市公司,甚至超过那些积极从事并购活动的公司。此外,私募股权公司因其持续大规模使用新的银团贷款(syndication loan)[①]而为银行创造了收益。

人们一度认为,2007—2008年的金融危机会对这种趋势产生冲击,尤其是在一系列备受关注的私募股权交易失败和企业破产的背景下。然而,实际情况却出乎意料。自金融危机以来,随着华尔街的逐渐复苏,私募股权公司在持续的交易活动中仍扮演着核心角色。2005年至2010年,只有通用电气(General Electric)和通用汽车两家上市公司

---

① 银团贷款是指由两家或两家以上银行基于相同贷款条件,依据同一贷款协议,按约定时间和比例,通过代理行向借款人提供的贷款或授信业务。

跻身美国投行费用排行榜前十位。2010年，私募股权支付的100亿美元手续费占投行690亿美元总收入的14%。私募股权已成为华尔街的中流砥柱。

私募股权不仅规模迅速扩大，而且增速超过了上市公司和美国整体经济。1997年，哈佛商学院研究人员乔希·勒纳（Josh Lerner）和保罗·冈珀斯（Paul Gompers）的研究指出，上市公司的投资资本规模是私募股权的40倍。至今，这一比例已经缩至12倍，这表明私募股权占总投资的份额增长了300%。在私募股权公司控制的资产中，大部分甚至绝大部分资产仍由收购基金持有。

私募股权公司战略性地利用了他们的地位，提高了他们在各种金融资产中的所有权比例。除了持有企业股权外，它们还掌握着逾3万亿美元的债务、房地产和基础设施投资。尽管在美国，公开上市公司依然占据着主导地位，但私募股权公司控制的企业正以稳健的步伐扩大其影响力。在收购市场活跃的时期，以及在一些特定的行业领域中，私募股权公司的增长趋势更为明显。

3 | 私募股权的发展史

2021年，私募股权公司宣布了总值1.2万亿美元的交易，创下了历史新高。而在2022年，私募股权占据了所有并购交易的25%，再度刷新纪录。与上市公司之间的交易相比，私募股权公司的交易更不受宏观经济和金融波动的影响。私募股权基金在其参与整合的行业中发挥着显著的影响力。在"整合并购战略"（roll-ups）[①]中，单一买家会锁定某一特定行业——通常是由小型或中型公司主导的行业。买家进行多次收购，将这些公司整合成规模更大的公司。久而久之，卖家不仅可以规模化地降低成本，还能够充分地使用控制和信息系统。这一策略已成为上市公司的常见做法。

私募股权公司越来越倾向采用这一策略，有时称之为"杠杆建设"。在通过这种方式建设一家公司后，它们会

---

① 整合并购战略于20世纪70年代出现在美国。当时，面对美国垃圾处理行业由70000家小企业组成，且每家只有几辆垃圾卡车的高度分散的行业现状，美国废弃物管理有限公司迅速并购数百家小公司，例如，1970年9个月内并购133家，1971年并购100家，在极短的时间成为世界最大的垃圾处理公司，1982年市值超过10亿美元。

按照常规程序进入退出阶段，即出售该公司。凭借在信贷市场中的强大关系，私募股权公司能够更为经济高效地完成公司整合，比其他买家更占优势。

与私募股权对整个经济的影响相比，它在被收购企业中有着更强大的影响力。私募股权公司主要锁定一些成熟、稳定，但地理分散的企业领域，包括养老院、房地产、餐饮和个人服务业。归功于反垄断法规定的规模门槛，小公司的整合并购通常可以避免反垄断审查。通过整合并购战略，买家能够在本地市场中获取更多的市场支配权，而且这一过程可能相对不易，或几乎不易被司法部或联邦贸易委员会迅速察觉。

私募股权公司集中化造成的少数者问题

整合并购战略只是私募股权强化对经济集中控制的一种手段。初看之下，这一观点或许令人疑惑，因为当前私募股权集团的数量比以往任何时候都多。2013年，SEC开始记录私募股权公司的数量。如今，私募股权公司的数量已从当时的815家增加了1倍以上。但是，尽管私募股权基金的数量有所增加，但大多数基金的规模仍相对较小。该行业的大部分资产都集中在最大的私募股权基金集团内，尤其是私募股权头部企业。全球前四大私募股权巨头——黑石、KKR、凯雷和阿波罗报告的资产总额达到2.7万亿美元，而整个私募股权基金规模的中位数仅为1亿美元。

因此，私募股权巨头对企业的控制逐渐加强。随着私募股权公司在美国整体经济中的重要性不断凸显（尤其在一些关键行业），而且，由于它们的资产正在流向大型公司，私募股权公司的财富和权力集中程度丝毫不逊色于指数基金集团。综上所述，私募股权公司正在引发一个新的少数者问题。

虽然私募股权的集中化不如指数基金那般夸张且明显，但在某些方面更具威胁性。主要有三个原因：私募股权的核心特征"不透明性"，私募股权与华尔街的密切联系，私募股权为激励专业人员和重塑企业而采用的高效激励措施。指数基金至少要向SEC和公众报告其持股情况，而私募股权基金的设计却颇有暗度陈仓的意味。尽管私募股权行业一再努力在公众和民选官员中提升自己的声誉，可它依旧我行我素地对抗法律的透明度规定。

迄今为止，指数基金的发起人在进行企业治理时一直采取比较宽松的方法，以便降低成本；而私募股权公司则希望迅速增加它们收购公司所需的现金流，以便在数年后顺利地盈利退出。这两者的文化迥然不同，但整体而言，私募股权行业的要求更严苛。私募股权公司以雷厉风行、铿锵有力的步伐推动被收购公司的蜕变，这一特质已然成为他们引以为傲的标志。相较于个人或家族所有的企业，或是20世纪中期的上市公司，私募股权公司更有可能改变被收购公司影响客户、员工、社区或环境的方式。

私募股权基金的集中度不断提高，与此同时，不同基金之间逐渐展现出合作而不竞争的趋势。显然，由同一私募股权公司控制的基金之间更像是盟友而非竞争对手。截至2021年，KKR一共管理了19个私募股权基金。更为重要的是，不同顾问控制的私募股权基金通常会联手进行"俱乐部交易"（club deal），共同收购一家目标公司。此外，它们还越来越倾向将投资组合公司售给其他私募股权基金，而不是上市公司或分散的投资者，这就是"二级收购"。最终，在某些行业中，由多家私募股权基金共同控制企业的、传统寡头式垄断勾结格局已经悄然形成。

俱乐部交易是指两家以上的私募股权公司联手竞标单

一目标公司。大宗交易呈现更广泛的合作趋势,通常是3家或以上的私募股权公司联合竞标。1990年,仅有7%的私募股权收购涉及3家以上的私募股权公司。2000年,3家公司联合交易的比例升至17%,而2010年,这一比例已超过所有私募股权收购的22%。如果仅考虑涉及两家以上的私募股权公司的竞标情况,这一趋势更为显著:早在2004年,超过40%的美国收购交易都是俱乐部交易。

为了保持价格低位,俱乐部交易可能会通过某种俱乐部规则进行勾结串通,尤其是在上市公司私有化的交易中。俱乐部交易要求私募股权专业人士在特定收购中保持紧密沟通。然而,随着时间的推移,这种沟通成了私募股权公司之间讨论分配交易(反垄断法的大忌)的理想渠道,同时制造出竞争的虚假表象。

一家私募股权公司可能同意在某项交易中以较低的价格出价,这样,另一家私募股权公司就有机会以比正常竞争时更低的价格赢得交易。在私有化交易中,买方(私募股权公司)和目标公司必须向公众宣布交易,并征得目标

3 私募股权的发展史

公司的股东批准。在这个过程中，其他潜在的竞标者有机会介入已经签署的交易，提出更有利的条件。然而，已经结成俱乐部的私募股权公司常常达成默契，仅在交易公告之前进行协商和出价。而在下一次交易机会中，俱乐部里的私募股权公司可能会交换角色。这种轮换可能会在私募股权公司之间形成一种系统性的模式，导致交易价格的降低，减少目标公司股东的回报。

2007年，一场针对KKR、黑石、TPG、贝恩资本、高盛集团（Goldman Sachs）、银湖资本（Silver Lake）和凯雷这7家知名私募股权公司的集体诉讼，指控它们在21世纪第一个十年私募股权交易浪潮中的8宗历史性大宗交易中串通操纵价格。持有目标公司股票的养老基金和个人声称，这些私募股权公司建立了非正式的"一物换一物"合作体系，体系内各方间不会对特定交易进行激进竞标，尤其是在私有化交易宣布后。

例如，在2006年9月，由黑石集团牵头的俱乐部同意以176亿美元收购飞思卡尔（Freescale）半导体公司。KKR

集团的创始人亨利·克拉维斯非但没有提出反竞标，甚至还告知黑石，KKR将"退出竞标"。黑石总裁致函KKR表示："我们携手合作将无往不胜，而相互对抗只会让彼此蒙受巨大损失。我期待在下周或10天内有机会与你进行电话沟通，商讨某项排他性的大型私有化交易组成俱乐部的事宜。"KKR集团的另一创始人乔治·罗伯茨（George Roberts）回应道："赞同。"黑石集团很快邀请KKR加入一个新的俱乐部，收购全美最大的广播电台所有者——美国清晰频道通信公司（Clear Channel Communications, Inc.）。类似的案例填满了这份长达221页的诉状。

虽然上述7家公司坚称这场诉讼毫无根据，但在审判日期临近时，它们不约而同地选择了进行和解。以雄厚的财力和全球一流的律师团队为后盾，这些公司表示，和解是为了终结这场纷争，从而消除对业务的干扰。他们愿意付出多少代价来消除这一干扰呢？原告们最终获得了总计5.9亿美元的赔偿。

谁也说不清楚，私募股权公司是否仍存在串通问题，或者与诉讼中提及的8宗交易类似的，串通操纵大宗交易价格的事件是否更加普遍。一项学术研究发现，股东在俱乐部交易中获得的溢价比在独资收购中获得的溢价低40%。诚然，俱乐部竞标可能是整体上出于经济合理性的考虑，但也为潜在的串通性价格操纵提供了途径。俱乐部交易一度减少，2018年，涉及两个以上私募股权公司的交易份额为20%，远低于21世纪第一个十年中期的峰值。俱乐部交易减少的现象本身对支持其合理性的论点构成了一种挑战。如果这种竞标合作实际上是私募股权公司创造价值的有效手段，它们就应当继续存在，同时竭力避免暗示互开方便之门及价格操纵邮件这类无耻沟通。

私募股权公司的另一种常见沟通方式被称为"二级收购"。"二级"的含义并不复杂，指一个私募股权基金将一家公司卖给另一家私募股权基金。虽然这样一来，企业交易的所有者发生了变化，但是这项业务仍然保持在私募股权行业内。二级收购首次出现在20世纪90年代，而2000年至2004年，它们已经占据该行业总交易价值的20%以上。

2018年开始,二级收购更是占据了所有私募股权退出阶段交易的半壁江山。

二级收购带来了一个谜团。私募股权的支持者一直强调他们通过债务融资、事必躬亲的治理和更高效的激励手段对公司进行"休克疗法"[①],从而解释了私募收购如何创造价值。但在二级收购中,现任所有者已经对被收购公司进行了第一轮私募股权的休克治疗。除非第一家私募股权公司没有使用私募股权的操作手册,否则第二家私募股权所有者如何再次创造价值呢?如果第一轮私募股权未能充分发挥其作用,第二轮私募股权又为何要支付更高的费用呢?

对此可能的解释就是,私募股权基金数量的增加使它们越来越专注于特定领域或业务阶段。一些私募股权公司专注于企业生命周期的早期阶段,而另一些则专注于后期

[①] 一种紧急治疗方法,用于治疗严重的心理或生理疾病,如精神分裂症或心脏骤停。这一医学术语于20世纪80年代中期被美国经济学家杰弗里·萨克斯(Jeffrey Sachs)引入经济领域。

阶段。我们可以把二级收购视为专业领域之间的交接。又或者，一些私募股权公司可能专注于业务运营，而另一些则纯粹注重融资。例如，一家专注于运营的私募股权公司可能会收购一家经营不善的公司，并对其进行改造。但是，这家私募股权公司可能无法充分利用所有与财务相关的协同效应，可能会将经过改造的公司卖给一家更大、更容易获得低成本融资的私募股权公司。

然而，二级收购出现的原因也可能并不是这么光彩。一种可能的情况是，当一家私募股权公司可能即将结束某个基金的生命周期时，二级收购正是填补该基金投资记录、增加额外费用的快速途径。这一动机可能导致私募股权公司支付过高的价格。同时，私募股权卖家可能会在基金生命周期的尽头迅速退出，或在新一轮筹资之前实现利润。那么此时，卖家更愿意降低待售公司的价值。与俱乐部交易一样，私募股权公司之间可能存在"一物换一物"的非正式体系；为了协助彼此管理基金的解散和筹资，它们有时充当买家，有时充当卖家。

二级收购引发的忧虑涉及更为深远的层面。这种收购方式正在强化私募股权的持续占有。私募股权不再仅仅是短期的所有权形式，用以临时规避信息披露法律和公众审查，然后再让公司回到未公开上市状态。相反，整个产业的大部分份额正永久地消失在私募股权的掌控之下。此外，在私募股权行业的二级市场，集中化表现得尤为显著。麦肯锡公司（McKinsey & Co.）2022年年度私募股权报告指出，过去5年在此类交易中募集的资金中有40%集中流向了5家公司。收购活动越来越多地发生在私募股权基金之间，并且参与其中的公司都是规模最大的那几家。它们在这类交易中拥有不成比例的业务份额。二级收购已成为导致私募股权行业的少数者问题日益严重的原因之一。

果不其然，随着私募股权公司在经济中的份额不断增加，它们不可避免地卷入了价格操纵卡特尔（price-fixing cartel）①和其他非法行径的泥潭。2014年4月，欧洲委员

---

① 一个由多个企业组成的团体，它们共同制定价格策略，以限制竞争并提高价格。

会（European Commission）揭示了一宗牵涉地下及海底高压电力电缆制造商的卡特尔勾当，其中包括高盛集团私募股权部门旗下的一家投资组合公司。高盛集团最终被罚款3700万欧元。同年11月，荷兰对面粉行业一宗卡特尔勾当进行了罚款，其中涉及三家私募股权公司。2022年，私募股权公司利安资本（Lion Capital）卷入一场诉讼，被控其旗下拥有大黄蜂牌金枪鱼（Bumble Bee tuna）的公司存在卡特尔行为。尽管目前尚无深入分析证明私募股权所有者在这方面的表现是最差的，但随着私募股权的扩张，私募股权公司引发的反垄断问题势必愈演愈烈。

从休克治疗到长期持有

过去二十年,私募股权行业的一系列最新发展充分展示了该行业在追求利润、规模和范围方面的重要性、持久性以及灵活性。

本质上讲,私募股权的所有权归属于不受在SEC注册和一般公开披露要求约束的私人实体。然而,自2007年以来,全球前十大私募股权公司中已有九家转为上市公司。为了获取上市带来的流动性,KKR、黑石、凯雷、阿波罗、橡树资本(Oaktree)、阿瑞斯(Ares)和TPG先后分散公司所有权,并自愿接受在SEC进行注册和披露规定的约束。高盛集团和布鲁克菲尔德(Brookfield)是两家顶级的私募股权基金发起者，一直保持着上市公司的地位，它们专注于多元化的业务，它们的私募股权部门重点关注房地产和国际资产。在主要的私募股权公司中，唯有阿迪安（Ardian）还未公开上市。

这确实让人迷惑不解。经营私募股权基金的公司怎么能成为上市公司呢？大型私募股权公司的上市是否解决了它们所引发的少数者问题呢？简而言之，私募股权公司和私募股权基金是两个不同的概念，而且少数者问题依旧悬而未决。

公开上市的是私募股权公司，而非私募股权基金或其所持有的投资组合公司。目前，上市的私募股权公司已开始披露关于其咨询业务、管理费用、基金设立和融资成本等方面的信息，全面呈现它们作为私募股权基金发起人和管理层的业务。然而，它们并未对其投资组合公司的运营和活动或基金本身的细节进行披露。

私募股权公司与其所管理的私募股权基金在信息透明度方面的差异尤其体现在数据中。截至本书撰写之时，

KKR作为一家上市的私募股权公司，其市值约为570亿美元，相当可观。但根据KKR的公开数据，其私募股权基金所管理的资产的规模更为巨大，高达1950亿美元。更有甚者，这些资产是通过杠杆操作产生的。KKR能够通过基金的融资借款来购买投资组合公司，让投资的股权增加1倍左右。也就是说，KKR通过利用别人的钱，在经济中实际产生的影响远远超过了其市值所呈现的水平，尤其是相较于那些透明度更高的上市公司。

为了深入了解这一问题的重要性，我们不妨以黑石集团的情况为例。黑石集团的基金持有美国最大的学生住房开发/管理公司美国校园社区基金（American Campus Communities, Inc.）、大型多租户商业物业开发商PS商业园（PS Business Parks），以及大型医院供应公司核心信托（CoreTrust）。然而，投资者在黑石向SEC提交的报告中却找不到有关这些公司的信息。黑石集团对其学生公寓的租金或空置率、正在开发的商业地产，以及旗下医院的供应成本均未披露——因为这些业务并非由黑石集团所有，而是由黑石集团的基金拥有。黑石集团只是为这些基金提供咨询服务，并收取相应的咨询费，而这些基金本身仍是私有的。

私募股权公司之所以选择上市，是因为这样的公开地位可以赋予它们更多的融资机会，从而可以支持更多的私募基金。通过透露关于高层投资管理公司的部分信息，这些私募股权公司可以进一步持有和控制某些几乎无须向公众披露信息的企业。即便是它们的基金投资者也只能获取到范围有限的信息。与此同时，私募股权公司通过展示上市公司的治理和所有权的形式，证明了拥有上市公司地位对社会认可度并不构成明显的不利影响。

上市公司的地位和更强大的筹资能力让私募股权公司能够实现全球扩张。在20世纪80年代，私募股权公司主要聚焦美国市场。如今，其业务已走向全球，先是将私募股权引入欧洲，随后逐渐扩展到亚洲、非洲和南美洲。在最新的年报里，黑石集团自诩"全球领导者"，在"全球范围"内利用"全球经济"的"全球关系"进行投资。然而，年报里却只字未提其投资组合公司的地理分布信息。

私募股权领域的另一项创新是引入了延续基金。这些基金由私募股权公司设立，旨在从旗下其他基金中购买公司。与二级收购类似，延续收购将交易、费用和控制权保留在同一私募股权集团中。

延续基金、利益冲突和再投资正成为越来越普遍的现象。延续基金的收购涉及明显的利益冲突，因为买方和卖方均受同一私募股权公司控制。鉴于此，基金投资者希望私募股权公司可以提供第三方估值，以便对交易进行核查，确保参与其中的任何一只基金不会处于不利地位。

SEC在调查私募股权活动时揭示了其他的潜在利益冲突，包括费用分摊、私募股权公司与其基金持有的投资组合公司之间的交易，以及私募股权公司向其他资产类别的拓展。某位SEC官员在2015年2月的一次演讲中指出，几乎所有与私募股权有关的SEC执法案件都是关于利益冲突，或者向基金投资者披露利益冲突的问题。

即便延续交易得到充分监管，其存在已经清晰地展示，私募股权行业在美国经济中确立了一个独立且持久的治理和资本领域。一旦私募股权集团中的基金收购了一家企业，它可以被转手——给同一集团的另一个基金。这类基金主要专注于收购企业等特定类型的资产。通过延续收购，私募股权公司不仅能够偿付基金投资者的资金，同时也能够保持对特定公司的控制，并确保这些公司继续保持非公开上市的私有地位。

与延续基金相关的是所谓的"资金再循环"。私募股权基金可以通过出售资产来获取现金。传统的私募股权通常会把这笔现金支付给基金投资者；但通过采取再循环的方式，私募股权公司可以按照私募股权基金合同的规定，将获得的现金重新投资到其他企业，而不是直接支付给基金投资者。这种操作的综合效果是使私募股权公司可以更持续地管理资本。

当代私募股权的第三个特点再次将其运用巧妙言辞的公关手法展现得淋漓尽致。"成长型资本""成长型基金"和"成长型收购"被用来概括曾经的收购或私募股权活动。从狭义角度来看，成长型收购是指针对高增长企业的收购，比如近来的软件即服务（Software as a Service, SaaS）公司。这种用词传达了企业远未达到稳定的成熟状态，且仍处于迅速增长阶段，因此在完成收购后需要更多资本来维持其发展的观念。

例如，清湖资本（Clearlake Capital）在2014年以不到1亿美元的价格收购了一家快速增长的云服务公司ConvergeOne。（2022年，清湖资本因收购英国足球俱乐部切尔西足球俱乐部而登上新闻头条）在三年多的时间里，清湖资本通过数次收购获得了7亿美元的债务融资，进而逐渐壮大了ConvergeOne。2018年，清湖资本同意将整个公司出售给另一家私募股权公司CVC资本（CVC Capital）。这笔交易以18亿美元的价格完成，为清湖资本带来了高达1000%的回报。

这类成长型收购标志着私募股权对20世纪70年代和80年代收购模式的彻底摒弃。它们充分展现了私募股权已经完全演变为一个独立、替代性的资本体系。如今，风险投资和成长股权的联合在私募股权募资中占据了47%的份额。昔日的伯利–米恩斯式上市公司,如今悉数被私募股权公司纳入麾下。

私募股权自始至今一直深陷声誉危机。它曾被卷入内幕交易、管理滥权,以及买入—剥离资产—卖出商业模式导致的过度债务和冒险买卖。20世纪80年代,私募股权与虚构人物戈登·盖柯(Gordon Gekko)①所倡导的"贪婪无罪"(greed is good)文化以及与迈克尔·米尔肯等真实罪犯有着负面的密切关联。可以说,私募股权是造成美国1989—1991年经济衰退的一个主要原因。虽然私募股权并非造成2008年金融危机的主因,但是它对金融风险的极限挑战导致许多企业破产——与此同时,私募股权公司通过"正面我赢,反面你输"的结构保护了自己。规模越大,不良行为越猖獗:俱乐部交易的勾结、二级收购和延续收购的利益冲突。SEC对费用和欺诈问题的执法行动层出

---

① 电影《华尔街》中的主角之一,是一位贪婪的华尔街股票交易员,以其名言"贪婪无罪"而闻名。

不穷。

此外，收购基金还一直深陷于一个更为根本的谜团之中，即它们如何创造价值并实现盈利。金融买家如何为企业创造真正的价值？为什么公司不能自行调整财务状况？这个谜团在它们缺乏充分披露的情况下更加扑朔迷离。

法兰科·莫迪利安尼（Franco Modigliani）和默顿·米勒（Merton Miller）两位经济学家之所以获得了诺贝尔奖，一定程度上是因为他们证明了资本结构（金融）不应该影响企业价值，除非是由于市场失灵[①]。那么，什么样的市场失灵可以解释私募股权盈利的能力呢？一个普遍的答案是税收政策。

[①] 弗兰科·莫迪利安尼和默顿·米勒共同提出了莫迪利安尼-米勒定理（Modigliani‐Miller theorem，简称MM定理），它是现代资本结构理论的基础。该定理认为，在不考虑税收，破产成本，资讯不对称并且假设在效率市场里面，企业价值不会因为企业融资方式改变而改变。也即是说，不论公司选择发行股票或者发行债券，或是采用不同的股利政策，都不会影响企业价值。因此莫迪利安尼-米勒定理也被称为资本结构无关定理。莫迪利安尼因此获得1985年诺贝尔经济学奖，米勒与哈里·马科维茨和威廉·夏普一同获得1990年诺贝尔经济学奖。

私募股权善于利用任何税收体系中都不可避免的定义界限。其主要手段包括两种：第一，通过债务，因为债务的税收比股权的税收更优惠；第二，通过资本投资，因为投资回报的税收比雇佣劳动所得的税收更优惠。私募股权公司在这两条界限定义（债务与股权、投资与雇佣）上进行税收套利，因此创造了比其他公司更多的利润。

在私募股权基金收购公司的过程中，债务发挥着关键作用。收购完成后，基金的投资组合公司债务会高于其他公司。在一定程度上，债务融资相对于股权融资享有更优惠的税收待遇。债务利息可减免，从而降低所得税，而股权红利则无法享受这种优惠。此外，私募股权公司还以附带收益（carried interest）的形式获得部分报酬，即通常设定为利润的20%的业绩费。这笔费用与资产（企业）的价值增长挂钩，因此在税收方面，它被视为投资回报。投资回报的资本收益税率低于普通收入，并可递延至变现时再缴税。与单纯赚取咨询费相比，私募股权公司基本上能够以更低的成本（从基金利润中）获得报酬。

然而，假设税收是私募股权公司获利的唯一解释，私募股权公司仍然面临一个合法性质疑。为什么税法要奖励高风险借贷？为什么普通大众需要缴纳更高的税，并为私募股权公司因其较小的税基和较低的税率而享受的税收减免买单？尤为讽刺的是，比起私募股权专业人员，与之共事的助理们却面临着更高的税率。

第二个可能的答案（第二种市场失灵）是私募股权拥有比其他公司更多的信息。在某种程度上，这种怀疑态度并非全无道理——管理层收购可能是一种制度化的内幕交易，是管理层在私募股权的协助和教唆下道德失范、滥用职权的行为。如一位首席执行官与私募股权公司合作，借款从股东手中购回自己的公司，然后在短时间内再次将公司上市，赚取远远超出普通首席执行官薪水的利润，这种做法仍被观察员视为滥用职权。

但这些滥用职权的行为并不能完全解释私募股权行业的全貌。大多数收购并不牵涉到买方的管理层，而且很多被私募股权基金收购的企业是由单一的业主经理（ownermanagers）①出售的，他们不可能从自己身上获取不当信息。另外，私募股权买家也无法一边向即将退出的管理层大额行贿以达成交易，一边确保在短期持有期内获利。总之，没有一家私募股权公司愿意承认内幕交易或机会主义造就了它们的成功，即便是在私底下。

  关于前述信息优势的另一个比较温和的解释是，私募股权公司善于充分获取市场信息。因此，即使没有从经理处获得内部信息，它们也很善于选择收购公司或把握交易时机。在法律层面上，私募股权公司可以自由地使用市场信息，只要它把次要事实融入一幅包含重要信息的整体图景中，或者这些信息来源于合法的途径，而非通过上市公司的内部人员。举例来说，一项研究表明，私募股权经理能够系统地预测同类上市公司的盈利，并利用这些信息在行业高峰期出售投资组合中的公司，从而收获自己的业绩费。这种以信息为基础的解释与它们在资本市场中的核心

---

① 拥有并管理企业的个人或团体，他们既是企业的所有者，也是企业的经营者。

角色是息息相关的。

为了避免炫耀税收套利或内幕交易带来的利益，自20世纪80年代以来，私募股权的支持者们一直在诉说一则不同的故事。他们声称，私募股权的基本设计能够培养更出色的管理团队。通过债务融资、薪酬激励和治理机制，私募股权能够显著提升基金经理们实现盈利目标的动力。

债务的益处不是因为其融资成本低于股权，甚至也不是因为债务享有主要的税收优势。相反，随着债务的急剧增加，企业为了偿还债务而不得不迅速改善现金流，否则将会面临其他问题。金融风险激发了一种清教徒式的职业道德[1]。私募股权设定的20%回报提成激发了增加价值的动力，并与共同投资的基金经理分享成果。严格的管理措施——没有庞大的、兼职董事会在昂贵的晚宴上听着空洞的管理演讲而昏昏入睡——促使公司迅速做出干预措施，从而在困难或战略变化中保持稳定。这一套组合拳为那些

---

[1] 指强调艰苦奋斗和勤俭节约。

被自鸣得意、缺乏激励的管理者折腾得迟钝或臃肿的成熟公司进行了一次"休克疗法"。或者，它们好好地管束了那些曾经盛极一时且深受裙带关系困扰的家族企业第二代所有者。

从20世纪80年代的收购案例来看，这一说法完全有据可依。当时，许多上市公司几乎没有负债，董事会被动，信息匮乏，也少有激励管理者采取冒险或高难度的行动来提高价值。首席执行官们通过扩张企业版图和增加营收的方式来提高个人薪酬，其代价却是损害公司利润。许多首席执行官甚至动用股东的资金购置公司飞机，还有一个臭名昭著的人带着自己的德国牧羊犬一同乘坐飞机游玩。20世纪70年代至80年代的经济挑战让许多公司措手不及。或许，像私募股权公司这样积极的所有者确实通过更好的治理提升了企业的价值。

这种解释可能在中档市场或家族企业的范畴内仍然说得通。但是，上市公司已经今非昔比。管理者不再视美国的霸权为理所当然；全球化及其带来的挑战在任何与贸易有关的行业中随时都在被积极管理。首席执行官现在主要通过股票和期权获得丰厚的报酬，因此他们拥有提升公司股价的强大动力。公司债务总体上明显高于20世纪80年代初。董事会规模更小、更强大、更熟练，而且更有可能在公司利润停滞时出手干预。在20世纪90年代出现的激进对冲基金对上市公司进行持续监测和施压，确保它们执行与20世纪80年代私募股权基金相似的操作。

20世纪80年代起，机构股东开始主动施压，不再轻易支持管理层提出的企业版图扩张计划。因此，上市公司经常进行重组、资产剥离、分拆和资本重组，这些举措削弱了私募股权过去经常带来的财务或组织变革。由于工会力量和成员数量减少，公司可以进行裁员和精简；这种做法在20世纪80年代和90年代变得很常见，并且持续至今。史蒂芬·卡普兰（Steven Kaplan）对过去30年的收购情况进行了仔细研究，他在1997年指出："如今，人人都在效仿亨利·克拉维斯。"

另一个关于私募股权为何能够创造价值的相关解释

是，私募股权公司为被收购公司带来了管理专业知识。确实，这在20世纪80年代可能是一个普遍的事实；对于管理权正在从创始一代过渡到下一代的中型公司，或是被大公司出售或拆分、缺乏独立管理者监督的部门来说，这种解释也仍然具有一定的合理性。从20世纪90年代开始，一些规模较小的私募股权基金也逐渐通过行业细分，将变革代理人的意志力与为企业增值的专业知识有机融合在一起。

但没有人说得清，为什么获取专业知识必须与整体公司的收购相挂钩。管理咨询公司、投资银行、人力资源部门和猎头公司往往都能够提供所需的知识和人才。待遇优厚的私募股权专业人士确实获得了极高的报酬，但同样地，由于私募股权公司促使股票和期权薪酬的普及，上市公司管理层的薪酬也同样水涨船高。没有明显的劳动力市场失灵可以证明现代私募股权行业的规模是合理的。

私募股权行业的整体成功可归因于其金融专业化和规模经济，这是目前最为广泛接受的解释。凭借良好的信用和声誉（对债权人而言），以及与其他金融机构之间"抱团排外"的关系网络,大型规模的私募股权公司在企业融资方面拥有明显的优势。私募股权创造附加价值的方式与100年前的摩根大通(J. P. Morgan)如出一辙。换言之,私募股权公司实际上就是银行,尽管它们不吸收存款和直接发放贷款。

需要债务资本的公司当然可以通过银行和资本市场自行筹集。但对于任何一家公司来说,此类资本交易并不常见,往往是每五年或更长时间才会发生一次。相比之下,私募股权公司则不断在资本市场流动,无论是债务还是股权。最大规模的私募股权公司不断参与筹集新资金、清算投资,为新交易融资借款,偿还或再融资债务,同时处理因债务使用而可能引发的破产风险。在高度制度化的金融市场上,私募股权公司是典型的职业参与者。在这个市场上,看似微小的信息差异也可能转化为巨大的现金流影响。正如一位研究者所得出的结论:

简而言之,如今私募股权对美国企业的主要助力似乎更体现在为其提供低息债务融资,而不是治理、战略和运营。

这种解释之所以合理,是因为1990年之后出现了一个对私募股权运作至关重要的新资本市场:杠杆贷款①市场。垃圾债券在20世纪80年代曾为大规模收购提供支持,但由于过度扩张而导致声誉受损。尽管高收益债务(垃圾债券)重出江湖,也逐渐被银行的高风险贷款所取代。

面对20世纪90年代初银行危机带来的更高资本需求,银行开始通过银团融资来增加分散风险的途径:它们先发放贷款,再将贷款有效出售给其他机构。购买方不仅包括其他银行,还有保险公司、对冲基金、抵押债务证券发行人和其他机构。私募股权公司在其中深度参与信息和交易流程,因此能够巧妙降低所筹集债务的利率。债券受证券法和SEC管辖;杠杆贷款在法律上不受证券法的约束。这意

---

① 一种高风险的贷款,通常用于企业收购、兼并或重组等目的,借款方通常需要支付较高的利息。

味着贷款发行不会触发证券法中的披露要求，杠杆贷款市场不受SEC监管，内幕交易规则也不适用。

尽管数据有限，但一些研究已经开始关注私募股权是否能够创造附加价值。总体而言，这些研究得出了三个结论。首先，私募股权公司的回报呈周期性变化，与上市公司回报类似，这表明它们在整体上并没有能力跑赢大盘，这与其拥有良好治理能力的观点相悖。其次，私募股权的风险可能被低估，因此其风险调整收益[①]可能只是勉强达到要求，甚至可能更差。第三，即使在20世纪80年代私募股权的业绩超过了上市公司，但现如今它们不再具备这种能力，尤其是在扣除费用后。一项研究指出，公开报告的私募股权绩效可能反映了夸大的估值，其平均原始业绩净值低于标准普尔500指数3%；经过风险调整后，每年的弱势表现（underperformance）为6%，而私募股权公司每年也只是赚取6%的费用。2016年，一项关于私募股权基金投资者

---

① 一种评估投资收益的方法，将投资收益与投资风险相结合，以衡量投资的绩效。

保密回报数据的研究得出结论：

> 收购基金的平均回报……在2006年以前已经超过了……公开市场……（但是）2005年后……回报水平大致与公开市场持平。

从投资者的角度看，私募股权投资仅仅实现了保本。这样一来，私募股权对整个社会的广泛影响就变得异常重要，更加需要我们进行深入了解和评估。

私募股权对社会的综合影响

这个问题的难度不亚于评估私募股权基金是否创造附加价值，以及如何创造附加价值。由于缺乏透明度，我们难以对私募股权的整体社会影响进行可靠且可复现的评估。如果投资者并未从中受益，而私募股权通过产生经济学者所说的负外部性（对第三方造成的伤害）而实现盈亏平衡，那么私募股权的不透明性将加深人们对其合法性的疑虑就是合理的。

虽然公开披露本身会带来成本，但不披露可能会掩盖并引发社会危害。隐藏信息不仅妨碍既有的竞争，还减少了新竞争者的进入。消费者在不透明的市场需要支付比公开市场更高的成本，还导致社会福祉的减少。黑暗中可能潜藏着许多具体的危害，多亏美国的记者和研究人员花费了大量精力对私募股权公司进行调查，才能把这些危害曝光，例如：欺诈、恶劣的工作条件、减薪、超额收取客户费用、虐待老人、违反健康和安全规定、政府腐败、有毒气体排放、温室气体排放，甚至侵犯人权。其中一些危害可能是管理层疏忽或漠视的结果。但有些危害实际上可能是价值（或利益）转移到私募股权公司或其投资者手中的结果。如果情况属实，明智的企业领导者可能不愿意在公众场合公开讨论这些行为。

有关私募股权对社会整体的综合影响的评估需要我们从多个角度进行分析，这取决于私募股权控制的企业所生产的商品或服务，以及企业在法律和监管治理方面的体系。我们不妨回顾一下，私募股权债务、薪酬和治理结构都为实现现金流最大化提供了明确的激励。提高收入或降低成本都可以增加现金流。但是削减成本比增加收入容易，而削减劳动力成本是其中最容易的。在没有法律规定赔偿的情况下，雇主往往更倾向于先解雇部分工人再重新雇用新员工。虽然对现有员工进行再培训可能对员工更有益，但重新雇佣的成本通常更低。在美国，私募股权对雇员的影响可能尤为不利，一方面是因为他们享有的法律权益相对较弱——在经济合作与发展组织（Organization for Economic Cooperation and Development）评估的所有国家中排名最低，包括过低的失业保险标准金；而另一方面则是因为他们不再受到劳动法和工会的切实保护。劳工和纳税人通过纳税支付一部分失业成本，但他们却可能因私募股权在经济中占据更大的主导地位而蒙受损失。

这对消费者会有什么影响呢？对于搜寻品（search goods），即在购买前就能明确看到其价值的商品或服务，私募股权可能会为这类产品的消费者带来积极影响，因为利润是随之而来的。对于信任商品（credence goods），例如医疗、法律服务和高等教育等领域，私募股权更有可能为消费者带来负面影响，由于消费者难以确定这类产品的质量，过度或不足的判断都属正常。对于经验商品

（experience goods），即只有在购买后才能判断其质量的商品，私募股权对消费者的影响可能取决于他们是否愿意且能够在不同卖家之间切换。

一般来说，监管越严格，执行越及时有效，私募股权就越难过度削减成本。相反，如果监管执行存在滞后或不足，私募股权就更容易在成本方面采取过激的措施。在法律建立了一套经过合理调整的惩罚和执行体系的情况下，私募股权所拥有的企业可能会对高效的控制体系进行投资，而且不太可能像其他企业一样将成本转嫁给第三方。在法律设计不完善或者执行力不足的情况下，或者法律难以进行良好的调整（比如在信任商品市场），或者由于规范的不确定性（例如，法律往往依赖于标准而不是规则的情况），则私募股权所拥有的企业更有可能将成本转嫁给第三方。

如果这一分析成立，私募股权公司对社会秩序构成最大威胁的领域可能是受监管行业，例如公用事业、基础设施，或者是传统社会保护方式依赖于专业文化和自我监管的领域。因为在这些领域，服务提供商通常需要依赖经验判断，前文提到的医疗保健和高等教育就属于这种情况。如果一个人对美国的法律和执法体系有信心，他可能期待私募股权对社会产生积极影响。相反，若对这些体系缺乏信任，甚至认为其运作逐渐恶化，他可能认为私募股权会对社会带来不利影响。

　　在评估私募股权对财富不平等的影响时，情况相对明了。特定投资机会的差异化是导致财富逐渐集中的重要途径。在完成企业收购后，私募股权公司常常开始减员，进行大量的岗位调整，缩减员工薪资与公司总收入的比例，以及破坏依赖于长期就业的社区稳定。此外，私募股权还正大光明地享受着税收优惠，其所有权也呈现出明显的集中趋势。例如，截至本书撰写之时，黑石集团的市值已达1160亿美元，而其首席执行官苏世民（Stephen Schwarzman）就拥有公司约20%的股权。KKR集团的市值为490亿美元，两位创始人亨利·克拉维斯和乔治·罗伯茨合计持有公司34%的股权。凯雷集团的估值为120亿美元，三位掌门人各持有公司30%的股份（根据不同的计算方式，这个数字也可能是35%或43%）。私募股权所有者的收益与员工的薪酬可能是云泥之别，但这一点并未被公开报道。

从这个角度看，自20世纪80年代以来，上市公司在市场压力和法律变革的推动下，已经朝着与私募股权公司相似的方向发展。美国法律、体育和投资银行业的最高收入在过去20年内也同样大幅增长。但根据法国新锐经济学家托马斯·皮凯蒂（Thomas Piketty）的大量记录，美国整体工资增长几乎未能跟上这一趋势，贫富越拉越大。研究人员发现，私募股权收购对就业结构产生了两极化的影响。一方面，管理和技术等高技能职位，以及餐饮服务和保洁等低技能职位的就业呈增长趋势；另一方面，文员、建筑、制造和零售职业等中等技能型工作的就业却在下降。

在英国和美国，收入分配顶层人群的财富份额不断增长。皮凯蒂认为这一变化源于公司治理中社会规范的演变，过去这些规范曾对高管薪酬进行了限制。收购、私募股权公司（及其学术支持者）、全球化和敌意收购都是推动这种规范变化的力量。

除此之外,作为美国公司治理体系的一部分,私募股权也直接导致了这些差异。上市公司和私募股权公司的政治活动改变了税法、反垄断法、劳动法和总体监管,从而加剧了差距的扩大。毋庸置疑,私募股权活动不仅是推动整体经济增长的重要力量(正如其支持者所强调的),而且也是加剧过去五十年来贫富差距的一个因素。

总体而言,私募股权的盈利方式与其在美国资本市场中的核心地位密切相关。就像过去的金融机构一样,私募股权的地位也体现了规模经济的特征。私募股权集团越庞大,它们在资本流动中的地位就越关键。通过俱乐部交易、二级收购及行业协会游说,它们更像是合作伙伴而非竞争对手。它们的深度参与使其对资本和产品市场有着全面的了解,能够充分发挥信息和关系优势。与此同时,它们所控制的企业依然能够保持私有地位,免受金融竞争对手、产品竞争对手、监管机构和公众的审查。

尽管私募股权基金在规模经济上不及指数基金,但目前规模超过50亿美元的大型基金已经占据了私募股权总融资的一半以上。大型私募股权集团在全球范围内的增长速度超过了上市公司和美国整体经济。它们及其政治盟友在美国的政治上具有显著的影响力。由于私募股权交易往往伴随着戏剧性的情节，再加上缺乏透明度，它们对美国公众的威胁甚至超过了指数基金。与指数基金一样，私募股权基金也制造且面临着少数者问题。

当前少数者问题在政治层面的解读与政治风险探析

4 当前少数者问题在政治层面的解读与政治风险探析

20世纪中叶，上市公司是经济和政府的核心组成部分。它们通过战争、证券法、累进税（progressive taxation）①、工会和监管确立了合法地位。然而，从1970年开始，它们发生了深刻的变化，并在政治和经济的相互作用下经历了巨大的变革。

企业领导人为自己的政治资本投入了大量资源，并运用由此产生的权力来削减反垄断法、税收和监管的限制，极大地打压了自己的政治强敌——私营企业的工会。然而，

---

① 一种随着应税所得增加而逐级提高税率的税收制度，旨在解决贫富不均的社会问题。

上市公司的经济自由度在同一时期却急剧萎缩。由于受到全球化、通货膨胀、自动化、敌意收购和收购的威胁，上市公司实际正面临一场生死存亡的危机。此外，自1990年以来，上市公司还一直受到股东权利运动的不断冲击，公共养老基金、对冲基金及指数基金等机构投资者陆续在政治领域联合行动，以限制上市公司的自主权。与此同时，在美国1989—1991年经济衰退中受挫的私募股权行业逐渐复苏，并且其增长速度远远超过了公开股本市场，在美国的经济和政治体系中都取代了上市公司的地位。

如今，指数基金和私募股权基金已成为美国政治舞台上的活跃势力，它们不断增长的经济实力和政治影响力引起了其他政治参与者的关注，包括公民社会组织、社会活动家、政党和政治人物。一方面，指数基金在多元化、劳工待遇和气候变化等问题上的政治影响力日益加强，由此一直被右翼指责；另一方面，左翼指责它们危害反垄断法，而且在企业政治信息披露等其他问题上拖后腿。与指数基金不同，私募股权基金正在通过一系列手段对更多的经济领域进行幕后操控，包括利用具有政治争议性的税收优惠，继续压制工会和加剧贫富差距，以及在私人营利性企业中出色履职——无论是满足或欺骗消费者，提高生产力和创新，或对不知情的第三方造成负面影响。

当代美国政治舞台上的指数基金与私募股权基金

伯利-米恩斯式上市公司在美国政治舞台上保持着有序且积极的状态。它们不再受到国际左翼运动或国内工会的威胁，也不再受到反垄断法的严格制约。与20世纪中叶相比，上市公司的税收被大幅减少，特别是在唐纳德·特朗普（Donald Trump）执政期间；此外，对上市公司也放宽了各类监管，尤其是经济监管。自由市场理念在政策辩论中的影响力远远超过了1965年。尼克松时代通过工资和价格控制降低通货膨胀的措施，甚至在后疫情时代的通货膨胀高峰期都没有再被纳入考虑范围。对企业的主要约束不再是政府或工会，而是与市场利益对齐的股东治理。

政府监管仍然固守职能，尽管力度稍弱。工人赔偿、最低工资法和失业保险依然有效，尽管在通货膨胀的冲击下略打折扣。工作场所和安全规定依旧被落实，尽管时有起伏。环境法规继续发挥作用，尽管为了应对气候变化而稍作更新。企业在税务方面仍须遵从法规，合理规划税收策略。适用于上市公司的联邦证券法在确保大型企业透明度、合法性及问责制方面基本保持不动摇。

消费者团体、人权组织和左派智库等在20世纪60年代形成的政治对手，仍在努力推动设立一些与商业利益相抵触的法律。这种情况在美国两党中也时有发生，尤其是民主党；不过共和党在一些议题上也如此，比如多元化和移民议题（在这些议题上，大公司普遍比共和党更倾向于国际化和劳动力自由流动）。然而，自克林顿时代以来，民主党比它们在20世纪中叶更加公开和一致地支持商业发展，而共和党则继续强烈反对加税，并在大多数商业议题上坚持反监管的立场。

简而言之，自1970年以来，大型企业在政策层面取得了显著的进展。它们已经成为美国政治竞技场上的常胜将军。

　　与此同时，这些公司面临着公众信任和合法性的缺失，这迫使它们不得不寻求盟友或通过诉讼、高度技术化的法律和大多数选民并未关注的监管任命等渠道进行合作。新兴的反对力量的组织不断加强对上市公司的监管，包括股东、机构股东以及最近的指数基金。伯利-米恩斯式上市公司的股东一直都是分散持股且不干预公司事务的，但这种局面即将发生改变，股东们将不再坐视不管。机构股东已经成为一股新的政治力量，不仅在争夺单一公司控制权的斗争中发挥作用，也在更广泛的层面上产生影响。1987年，反管理层股东提案的数量不到40项；1991年，激增到153项，即大约每42家美国上市公司就有一份此类提案。2022年，这类决议的数量增加到了797个，即大约每8家上市公司就有一份提案。在标普500指数（最大的上市公司）中，每家公司平均每年至少收到一份提案。

　　仅在1990年，"股东提案的通过数量就超过了……

1990年之前的所有股东提案总和"。在过去几年，已经批准的股东提案数量显著上升。具体而言，2010年至2019年期间的批准率仅为1%，而2020年则跃升至12.4%，2021年更是攀升至19.2%。由于许多公司预计会面临失败，它们通常会选择妥协解决，所以这些提案的实际影响可能远远超过了这些数字所表明的程度。杰拉尔德·戴维斯（Gerald Davis）和特雷西·汤普森（Tracy Thompson）认为，股东权利运动的迅速成功——从1985年的兴起到1990年的产生重大政治影响——凸显了机构所有权在1960年到1990年间的重要增长。

20世纪70年代，企业在政治领域大获成功；20世纪80年代，股东在政治层面具备了一定的影响力。其结果是，指数基金和私募股权基金在美国的政治格局中崭露头角，成为具有政治影响力的组织，这一形势俨然已经与20世纪中叶大相径庭。在这种环境下，由于工会力量的减弱、企业信誉的下降，以及政府能力的降低，指数基金和私募股权基金可能填补了这一权力真空，具备在经济和政治决策中发挥重要作用的潜力。与其他组织相比，这两类金融机构的影响力已接近于大型企业，这一现状与20世纪20年代和30年代的情境截然不同。然而，这种趋势虽然在经济层面可能带来一些益处，但对于维护美国的民主制度和资本主义核心原则而言同样充满危险。

美国企业与工会在20世纪中叶的亲密联盟已成过去式。新政时期许多旨在合法化资本主义和促进商业的政策的特点已经被削弱或消除。证券法对上市公司透明度的标准基本保持不变，但私募股权公司所控制的公司却不在此列。总体而言，虽然美国企业在全球化和自动化的冲击中幸存下来了，但这完全有赖于其采取的全球策略，即依赖那些缺乏工作保障和雇主福利的承包商，并将越来越多的工作外包给偏远国家。这种策略并不能消除敌意收购和股东激进主义所带来的威胁，而与此同时，公众对这些企业的信任和认可却已经显著减少。

因此，人们普遍感觉企业领导层越来越脱离美国基层政治。大型企业在公众心目中的声望降至历史最低点。民粹主义并不局限于左翼——它还曾帮助唐纳德·特朗普当选①。眼下，上市公司正面临来自指数基金和私募股权基金的不同威胁。其中，指数基金会直接对上市公司施加影响，一定程度上是因为广泛的公众群体正通过这类基金将资金和精力投入到公司治理中。另外，私募股权基金则会完全取代上市公司并将它们私有化，使其不受指数基金所有权和SEC披露规则的约束。然而，这两种基金本身也面临着政治上的压力。指数基金被共和党指责为左翼运动工具；私募股权基金则被民主党抨击为富豪统治集团的工具。

---

① 唐纳德·特朗普是美国的共和党成员，在美国政治中，共和党通常被归类为右翼政党。

指数基金和私募股权基金的政治影响力

随着指数基金和私募股权基金的成长，它们在美国的政治上越来越活跃，影响力也越来越大。这种正在积累或已经具备的强大影响力让越来越多的政治企业家和公众对它们提出了质疑，因此，它们的一些政治行动是一种防御性策略。从这个角度看，它们的政治影响力和政治脆弱性是相互关联的——这两者均源于它们庞大的规模，这种规模造就了它们在财务实力和资源方面的优势，从而使它们在行动和影响力上超越其他大多数组织。

指数基金是如何施加政治影响的呢？它们主要通过间接途径，即作为公司股份的主要持有者。由于在所有大型企业中持有的股份越来越多,它们对整个经济产生了深远的影响。作为股东,它们可以利用投票权影响并购、董事会选举及股东提案的结果。此外,它们可以运用自身权力,确保公司高层对其致电做出回应,进行会面,参与各种问题的讨论。指数基金致力于将政策问题提上公众议程（Public Agenda）[①],以影响法规制定,以及积极响应公司特定的抉择及危机。指数基金对公司施加影响的行为实际上影响了美国整体经济环境,也对当选官员的治理方式产生了影响。即使美国国会、SEC或其他机构没有强制规定公司必须按照某种方式行事,指数基金也能够通过施压迫使公司采取相应的行动。指数基金对公司治理的影响逐渐替代了传统政治治理手段。

人们普遍认为,只有怪僻的跳梁小丑才会在股东会议上攻击公司,但实际上,80%关于社会议题的股东提案（并

---

① 又称政治议程,是在公共空间中被广泛关注的问题和主张。公众议程涵盖了政府和社会机构认为值得关注的问题,也反映了公众认为需要解决的问题。公众议程在很大程度上反映了公众关注的焦点和热点问题。

非专注于公司治理方式的提案）都是由组织而非个人发起的。这类组织通常不包括指数基金，而是由公共养老基金、宗教组织（尤其是修女组织）、慈善机构、社会影响基金（为了产生政治影响而设立的共同基金）以及一系列在工会在美国政治长期衰落过程中替代它的民间社会组织组成。劳工组织也会提出投票提案，但只占全部议案的10%不到。大部分提案来自左翼组织，但保守组织也提出了数百项提案。指数基金对这些提案投票结果的决定作用逐渐增强。

这些提案所涉及的议题大多会在政治上引起广泛共鸣和讨论。占股东决议半数以上的主要议题包括多元化、气候变化和企业政治活动。这些议题不仅仅停留在商业领域，还在一般政治领域激发了大量基层能量。除此之外，提案涉及的议题还包括巴以冲突等现代政治问题、动物虐待、塑料瓶使用、收入不平等、面部识别技术等等，举不胜举。公众通过对公司治理领域的关注来表达对这些社会议题的关切，而指数基金则选择或被迫在这些议题上表明政治立场。

道富推动性别多样性就是一个典型例子。种族和性别平等历来是美国的政治热点，如今也依然是导致美国政党分裂的文化战争的核心。由于离岸外包必然带来的种族和民族多元化的就业必然趋势，以及资本主义迎合美国白人中产阶级男性以外市场的需要，越来越多的美国跨国上市公司不得不主动迈向多元化。

但是，指数基金一直不遗余力地推动企业走向真正的多元化，甚至超过了全球化的要求。在这一趋势中，道富无疑是一个引领潮流的典范，尽管其主要业务是托管银行，为众多华尔街公司处理后台业务。多年来，道富一直公开追求多元化并将其作为企业目标之一。

例如，在2017年一场盛大仪式上，道富作为出资方委托设计师制作了一个"无畏女孩"（Fearless Girl）雕像。这个雕塑女孩叉腰昂首挺胸，脚下的牌子铭刻着"了解女性的领导力量，她在改变世界"的文字。最初，"无畏女孩"矗立在华尔街附近的鲍灵格林公园里，与象征着金融市场财富创造力的"华尔街铜牛"（Charging Bull）雕像相对而立。如今，它被搬到了纽约证券交易所大楼对面，继续叉腰昂首挺胸，傲视纽约证券交易所的正门。

道富传递的多元化信息也可以在其面向公众的网站上找到：

"我们的团队遍布全球，我们明白，正是这样的多元化塑造了一个更为强大的企业。我们承诺为背景各异、观点独特的个体创造均等的机会。让所有成员在包容的环境中感受到家的归属，从多样性中迸发出成长的力量，在公正的框架下实现真正的平等。"作为一家私营上市公司，道富银行有权在招聘和人事决策方面追求多元化。然而，由于它还是其他大多数上市公司的重要股东，其企业价值观也会对更广泛的企业界产生更广泛的影响。

道富在2021年管理工作报告中指出："除了对性别多元化的呼吁，今年我们更加聚焦于解决系统性的种族不平等问题。"根据报告的数据披露，集团一共进行了220次企业"沟通对话"。SHE是道富创建的一只指数基金的股票代码，该基金旨在投资"在高层领导团队展现出比同行业其他公司更大的性别多元性"的公司。道富发布了多元化指南，期望"我们投资组合中的所有公司都公开披露"多元化方面的信息，包括"董事会监督""战略""目标""指标"和"董事会多元化"。

道富不仅仅停留在口头表态，正如它在指南文档里明确指出的，它将通过自身的投票权来支持其言论："如果一家公司……不披露其董事会的种族和民族构成，我们将投票反对提名委员会主席。"具体而言，道富表示，"如果一家公司……没有至少一名董事来自少数种族或族裔社区，我们将投票反对提名委员会主席"。在性别平等方面，"从2023年代理投票季节（proxy season）①开始，我们希望公司……董事会至少有30%的女性董事"。

简而言之，道富正在推动公司超越2018年加利福尼亚州所颁布的法规——这是截至目前美国最激进的董事会成

---

① 指公司股东大会召开前的几个月，此时公司股东可以通过代理投票表决来决定公司的重要事项。

员性别多元化法规，即到2022年，该州上市公司的董事会至少要有两至三名女性董事。与此同时，道富仍在不懈行动，而加利福尼亚董事会成员性别多元化法规在2022年因违反该州的平等保护条款而被废止。

除指数基金以外的一系列机构投资者也不断施压，因此上市公司董事会多元化的趋势近年来显著上升。正如世界大企业联合会（Conference Board）的最新报告所述，"2020年，标准普尔500指数中有24%的公司披露了董事会的种族构成，而2021年披露种族构成的公司是这一比例的两倍多（59%）"。在标准普尔500指数的大公司中，女性在董事会中的席位比例显著上升，从2016年的20%上升到2021年的29%；在罗素3000指数（Russell 3000）的更多公司中，这一比例在2021年升至24%。尽管种族多元化的进展落后于性别多元化，但也正持续改善。

多元化行动目前仍是政治上的争议焦点，投资者、学术研究者及意识形态激进者在这个议题上看法截然不同。许多人认为多元化符合盈利动机，提高公司董事会和高层团队的多元化拥有强有力的商业理由。以私募股权公司凯雷集团为例，尽管它不像道富一样公开支持多元化行动，但该公司的报告称：

在凯雷集团投资组合中，拥有至少两名多元化董事会成员的公司，其平均年收益增长率较缺乏多元化的公司高出近12%……在限定行业、基金和年份等因素后，拥有多元化董事会的公司的盈利增长速度平均要快五倍，每一位多元化董事会成员都能带来5%的年化盈利增长。

2020年，纳斯达克股票交易所引入一项"遵守或解释"标准（次年获得SEC批准），要求在该交易所上市的公司披露其董事会是否具备多元化，或者解释为何不具备。右倾智库活动人士和学者将该提案批评为"不道德"和

"进步主义的社会工程"。两个保守派影响性诉讼[①]团体和近20名红州[②]总检察长对这项标准的合法性提起了一项至今悬而未决的联邦法庭挑战[③]。他们认为纳斯达克的标准实际上要求企业实施配额制度（quota system）[④]，尽管标准仅要求公司披露董事会不具备多元化成员的原因而无须采取其他实质性措施。支持纳斯达克标准的不仅仅是纳斯达克自身——一家通常不以追求政治目标为目的的营利性企业，还有一个由纳斯达克上市公司组成的联盟。企业法律事务所沃奇尔·立普顿（Wachtell, Lipton, Rosen & Katz）代表近120名退休法官、SEC官员、商业律师和法律学者提交了一份法律意见书，辩称"证券交易所等私人行为者在公司治理和信息披露方面的创新自由，是（美国）公司和证券法

---

① 影响性诉讼是具有一定社会基础的，并能反作用于社会现象的诉讼，影响性诉讼一般能干预立法、司法尺度，进而能调整或缓和社会矛盾，影响性诉讼一般具有现实性、全局性、目的性等特征。
② 选民倾向于投票给共和党的州。
③ 指对某项法律或政策提出质疑并在法庭上进行争论的行为。
④ 一种设定国家或公司在某种资源、产品、进口等方面的限制数量的方法。

体系的一个预期特征,也是(美国)资本市场成功的一个重要原因"。同时,支持纳斯达克标准的目标的还包括三大指数基金:先锋、贝莱德和道富。

这一规定的反对者提出了如下论点:

寻求回报的投资者与资产管理者(尤其是指数基金运营商)在这一拟议规定上存在不同的利益考量。纳斯达克的多元化规定可能会让指数基金经理在财务上受益,即使这些规定对股价没有直接影响……(因为)它们会推动治理激进主义……从而吸引……那些心系社会的千禧一代和养老基金管理人的资金。相应地,这又可以提高基金经理的费用。

换言之,这些批评者认为,指数基金对多元化的支持存在利益冲突,相当于基金将企业和整体投资者的利益置于次要地位,而更倾向那些对多元化政治敏感的投资者。这些批评者无法解释的是,如果多元化对投资者不利,或者多元化本身就是不利的，那么指数基金对多元化的支持，为什么不会促使反对多元化或只追求利润最大化的投资者离场呢？无论人们对这场冲突的总体看法如何，不可否认的是，这突显了指数基金在复杂且不可避免的政治辩论中既施加影响又深陷其中的现象。

2010年，美国最高法院在"公民联合会诉联邦选举委员会"一案中颠覆了多项先例，允许企业管理层在联邦选举中自由使用公司资金。在审理过程中，法院援引了刘易斯·鲍威尔（Lewis Powell）1971年为美国商会（Chamber of Commerce）撰写的无耻备忘录。它偏离了正常程序，虚构了一段公司在刚独立的美利坚合众国如何运作的历史，并藐视自身的解释准则，以《第一修正案》（First Amendment）之名，废除了不仅适用于作为本案被诉的代表性非营利组织，而且适用于所有公司的竞选资金法。可以说，上市公司在某种程度上代表着万千分散股东的前提是含糊不清的，但是，这一前提的政治含义却相当明确。大法官安东尼·肯尼迪（Anthony Kennedy）的书面意见书主张，企业的政治支出应该公开透明。但是肯尼迪大法官显然没有料到，公司法或证券法中没有关于政治支出披露的要求。

这一裁决在80%的美国民众中引起了强烈的反感，尤其是在共和党选民中；它带来的冲击引发了很多要求上市公司披露政治支出情况的呼声。鉴于政治支出仅限于州份和地方选举及公民投票活动，因此有关政治支出的披露在此之前并不特别重要。披露要求也是共和党计划的一部分，是它们主张削弱竞选资金法的基础。数十年来，对大多数竞选资金法持反对意见的保守派一直主张建立一个完全公开的无限制支出制度。例如，在20世纪90年代关于国家政党不受监管地使用软钱（soft money）①的争议中，保守派专栏作家乔治·威尔（George Will）提议将竞选资金法简化为"七个英文单词：禁现金、完全披露、禁外资（no cash, full disclosure, no foreign money）"。无独有偶，2000年《华

---

① 主要指给予政党而非特定候选人的资金，主要在美国使用。

尔街日报》(Wall Street Journal)编辑委员会写道:"我们的观点是,宪法允许成年人自由地向他们想要支持的人提供资金,只要这些支持行为会在互联网上被披露。"

公民联合会一案释放了企业为政治选举中出资的能力,有关企业政治披露的争论变得更加政治化和党派化。拉尔夫·纳德(Ralph Nader)于1971年创立的,致力于游说竞选融资法规的消费者权益保护组织"公众公民"(Public Citizen),开始推动立法或监管部门对此做出回应。就在这时,乔治·威尔和其他共和党人则厚颜无耻地推翻了此前他们对信息披露的观点。民主党支持的法案在参议院遭到共和党人的阻挠。最终,美国国会未能采取行动。学者们向SEC请愿,敦促其推动政治披露措施。然而,在SEC采取行动之前,国会中的共和党成员通过捆绑预算法追加条款的方式阻止了这一行动,并将这一目标置于优先位置,导致民主党领导层一直不愿意就撤销这些条款进行谈判。结果,上市公司可以在联邦选举中自由支配股东的资金,而无须披露金额或支出方式。

有些投资者早已明白政治对公司战略的重要性，而这一系列事态发展更是给他们敲响了警钟，使公司政治活动成为评估公司价值和监督公司管理层的一个重要风险指标。研究人员还指出，管理层可能通过将企业资金用于政治竞选来追求个人利益，以期望未来能够在政治领域有所作为。实际上，截至2011年，2000年退休的首席执行官中有11%投身于政坛。更为普遍的是，大多数行业里公开可见的政治活动，例如，政治行动委员会（Political Action Committee, PAC）捐款和已报告的游说活动，与股东权力和价值的衡量指标呈负相关。这表明企业的政治支出可能只是浪费资源，甚至还会分散高管对日常业务的注意力。

在华盛顿政治决策陷入停滞时，股东们强化了他们一直在推进的运动，通过向各公司施加压力，要求其公开披露政治活动。成立于2003年的非营利组织政治问责中心（Center for Political Accountability）一直在追踪和报告此类信息披露，并制定了在年度会议上提交表决的示范性披露提案。在公民联合会一案之时，已有85家公司采纳了政治问责中心提供的不同政策形式，致力于公开披露其选举活动。截至2020年，这一数字已增至240家。

2010年至2020年，美国大型上市公司的股东一再被要求支持推动公司披露政治活动的相关提案。在此期间，股东的支持率整体稳步上升，这些提案取得多数支持的速度也在逐渐加快。截至2021年，共有42项关于披露公司政治活动的提案付诸表决，其中有10项获得了多数支持，平均支持率达到41%，创下有史以来的最高纪录。

机构股东，尤其是指数基金通常如何对待这类提案？与它们在多元化和气候议题上的态度相比，指数基金在政治支出披露方面一直表现得相对滞后。截至2019年，四大指数基金巨头中只有道富支持了一项标准披露决议。这与其他机构的支持形成了鲜明对比，比如，那些遵循准则的机构要求公司每年公开披露所有政治和慈善捐款的具体金额和受益方，以及通过第三方提供的用于此类活动的专项支出。

其他指数基金发起人在这方面的犹豫终于陆陆续续地

减少。2021年，贝莱德和先锋首次支持政治问责中心的示范性披露提案，其中，在12家需要投票表决的公司中，贝莱德投出了6张支持票，先锋则投出了3张。道富将其对此类提案的支持率从2020年的46%提高到2021年的75%。富达依然是主要指数基金中在此类议题上支持程度较低的一家，但也投过一次支持票。

和其他政治问题的投票方法一样，指数基金在政治支出披露提案的投票过程中采取一种选择性的方式，而不是一概而论。他们会将投票的决策与具体的事实联系起来，而不是根据一般性的立场。例如，在2021年，除了先锋以外，38%的股东投票支持花苑食品（Flowers Foods）的一项政治支出提案；花苑食品是一家在美国全国范围内销售奇迹面包牌（Wonder Bread）、自然澳牌（Nature's Own）和戴夫杀手面包牌（Dave's Killer Bread）食品的烘焙公司。先锋的理由是，相对于其他行业，烘焙行业的政治因素并没有那么重要。（花苑食品对某个政治行动委员会的赞助已经超过25年。它在最新年度报告中提到50多次监管，而且还承认了公司对能源供应的依赖，并指出能源供应会受到政治风险的影响，劳动力和供应链也会受到公认的政治风险的影响。该公司9000名员工中有1000名加入了工会。）

但是，先锋在2022年改投了支持票。先锋指出，它曾在2021年的投票后鼓励花苑食品披露更多信息，以便股东能够评估其董事会对政治风险的监督情况，但是花苑食品在政治披露方面没有做出任何改变。在2021年会议召开之前，花苑食品未向先锋提供关于这个问题的任何信息，尽管花苑食品同意将政治因素纳入即将进行的一项评估中，而这项评估是所有上市公司每年必须遵循的SEC报告规定的一部分。最重要的是，先锋指出，花苑食品的管理层"承认（公司政治活动）是其战略的重要组成部分"，这与之前拒绝支持披露提案的理由相矛盾。

指数基金也会直接施加政治影响力。目前，各大指数基金集团都设有庞大的公共和政府关系团队，致力于就拟议的法规提出详尽意见，参与其关注领域的专业会议，并直接游说当选官员及其工作团队。指数基金对新法规构想或股票交易所拟议标准的支持，都能显著增加它们被采纳的几率。同样，指数基金的反对也会增加官员推动某项提案的通过难度。

三大主要指数基金集团都是美国投资公司协会的成员。该行业协会积极参与华盛顿的辩论，并偶尔代表其成员的利益提起法律诉讼。它每年的预算高达6500万美元，拥有180名员工。2021年，它发布了35份报告、300多份统计数据以及持续更新的日志。此外，协会还设立了一个政治行动委员会，在2022年的选举周期中捐赠了100多万美元。在过去的25年里，美国投资公司协会每年都公开为50多名游说者提供400万到600万美元的游说资金。

指数基金只是美国投资公司协会所代表的数千只基金中的一小部分，而且协会并非总是能够或愿意推动符合指数基金利益的政策。尽管如此，由于协会按照资产管理规模收取费用，指数基金对行业协会与日俱增的、重要的潜在影响并不亚于它们对上市公司的影响。至少，指数基金可能能够阻止美国投资公司协会采取不利于他们利益的立场。美国投资公司协会面向全球披露的信息有时会淡化指数基金集团的规模和潜在影响。

除了美国投资公司协会，每个指数基金集团都开展了自己的游说和公关活动。十多年来，贝莱德、道富、先锋和富达每年都在游说方面花费100万至500万美元，游说支出和游说者的总数都超过了美国投资公司协会。游说信息披露的程度相对粗浅且不够透明，但并不令人感到意外的是，指数基金的游说者都将资产管理监管列为他们关注的议题之一。

这几家大型指数基金集团的企业文化略有不同，参与政治的方式也不同。没有公共股东的先锋集团在政治行动方面通常不会大张旗鼓，尽管它会定期与国会工作人员就待定法案进行交流。同样，由单一家族拥有的富达基金也一直很谨慎。道富银行是一家上市公司，但其大部分收入都来自与指数基金赞助没有直接关系的服务，因此它更关注其他政治问题。

在指数基金四巨头中，贝莱德是最显眼的政治参与者。

对此，它毫不避讳。20世纪第二个十年末，反垄断和金融学术开始出现，表明指数基金和其他大型机构所有者的所有权可能对其投资组合中的公司产生反垄断危害。就在此时，贝莱德的代表强烈批评了这些观点。贝莱德积极参与各类会议，发表白皮书，并聘请游说者与政界人士会面，以此影响这些学术观点在社会上的认可度。

指数基金吸引投资者的关键在于满足其社会目标。基于环境、社会和治理目标（Environmental, Social, and Governance, ESG）的投资方式越来越多地通过ESG指数实现，而基于ESG的基金是零售资产管理增长最快的。2000年年初，一群跨国金融机构共同撰写了一份名叫《有心者胜》（*Who Cares Wins*）的联合国报告，自此，ESG一词变得流行起来。ESG成为一个涵盖性术语，不仅被公众、投资者或企业管理者用来指代过去常说的企业责任——这个术语可以追溯到20世纪50年代，还用来指代社会责任投资

（socially responsible investing）[1]——至少可以追溯到20世纪80年代南非撤资运动[2]时期。社会责任投资的概念甚至有更早的渊源，但在20世纪90年代才变得更加普遍。

自联合国报告发布以来，ESG已经成为企业和投资者指导实际行为的一种重要方式。一份报告指出："（2021年）美国ESG基金的年增长率是非ESG基金的两倍多，两者分别是80%和34%。"指数基金通过追求政治目标，在一定程度上响应了社会责任投资的需求。

ESG投资的增长对指数基金产生了明显的影响，它们不仅不断推出ESG基准指数，而且ESG基金所倡导的价值观已经成为标准指数基金及其发起人如何利用其潜在政治影响力的重要因素。气候变化是一项需要深远思考的重要议

---

[1] 一种投资策略，投资者在选择投资项目时，会考虑到公司的社会责任、环境保护和企业道德等因素。

[2] 始于20世纪60年代，撤资运动目的在于抵制南非的种族隔离制度，但直到20世纪80年代才大规模开展。1986年，美国以联邦立法的形式推行了撤资行动。1990年，承受不住国际社会的攻击与制裁的南非政府释放了纳尔逊·曼德拉，并于1991年在法律上废除了种族隔离政策。

题，指数基金及其领导人在这个问题上尤其具有影响力和争议性，不仅体现在前文所述的公司治理层面，而且还表现在公开讨论气候政策的过程中。

当指数基金巨头贝莱德的首席执行官拉里·芬克就公共政策问题表态时，人们都会洗耳恭听。他的年度公开信旨在即时引起媒体报道，而他确实如愿以偿。此外，他的观点不仅得到了投资界和上市公司董事会的认真研究分析，还影响了政治家和政策制定者。政客们绝对不会忽视这种推动资本市场活动的重要意识形态转变。

概括地讲，芬克赞同"资本主义有能力塑造社会，成为变革的强大催化剂"这一重要理念。他认为："要想长期繁荣，每家公司不仅要实现财务业绩，还要展示自己如何为社会做出积极贡献。"直白地说就是"气候风险即投资风险"。他在2022年致CEO的公开信中指出，在上述言论发表后的两年里，我们看到了"资本的结构性转变"，以及"可持续投资……目前达到了4万亿美元"。芬克的公开言论并没有在很大程度上影响这种转变。然而，这一转变之巨大，实际上比总价值7500亿美元的《2022年通货膨胀削减法案》（*Inflation Reduction Act of 2022*）还要大。贝莱德的影响力仍然不容小觑，它推动了资本流向绿色企业，同时也影响着政治和政策。

　　贝莱德推动的资金流向转变在一定程度上为SEC即将出台的上市公司气候相关披露规则提案奠定了基础。贝莱德提交了一封22页的意见信，总体上对SEC的提案表示支持。贝莱德再次强调支持"对气候相关信息的强制性披露"，并重申了它对"气候风险与投资者决策过程的相关性"的信念。贝莱德还支持与《温室气体议定书》（*Greenhouse Gas Protocol*）一致的定量披露。尽管贝莱德对提案的某些激进内容提出了批评，但总体而言，此举不仅加强了芬克关于贝莱德将气候风险视为投资风险的公开表态的可信度，还为SEC的提案注入了动力。贝莱德的支持还反映了指数基金施加政治影响力的另一个渠道——与活跃在政策领域的民间社会组织建立关系网络和合作关系。

　　贝莱德通过这封意见信，为公司治理和公共政策事务带来了更多的关注。在此过程中，它所采取的立场与一些上市公司和著名商业行业协会相反。例如，美国商会（US Chamber of Commerce）提交的意见信称，该规则"在范围、复杂性、严谨性和规范性方面都是前所未有的，超出了SEC合法权力的范围"。石油公司大陆资源（Continental Resources）则表示该提议超出了SEC的宪法权限，并认为现有的披露要求已经足够。

许多上市公司纷纷支持SEC的提案，甚至包括石油和天然气行业的上市公司。美国西方石油公司（Occidental Petroleum）在其意见信中表示："我们支持SEC关于提高气候相关披露的一致性、可比性和可靠性，以及提供投资者决策所需的气候变化指标信息的目标。"或许正是在政策和政治分歧引发企业集团与股东团体分庭抗礼的时候，指数基金的政治影响力才达到了巅峰。

贝莱德在应对气候变化问题时，不仅认识到了相关的政治风险，而且成功地进行了风险管理。据报道，首席执行官拉里·芬克曾直接指示公司治理团队，"要更好地向公司高管解释他们的投票……特别是与气候相关的提案"，这是出于"对公众认为……贝莱德在推动环境议程方面可能过于激进……的担忧"。随着共和党在筹款和演讲中越来越多地将ESG作为热点话题，2022年贝莱德对气候相关股东提案的支持有所下降。

贝莱德将投票下降归因于具体提案的细节，称这些提案比过去涉及更多微观管理。在回应共和党的批评时，贝莱德指责共和党关于批评其参与各种与ESG相关倡议动机的"不准确言论"，同时强调公司依然持有数千亿美元的石油和天然气公司投资，并坚信气候变化既是真正的威胁，也是真正的财务机遇。

与多元化和公司政治活动一样，指数基金发起人在气候问题上也存在分歧。先锋对SEC气候披露提案的意见信略显谨慎，不如贝莱德表现得坚定。它暗示提案中的规定可能不宜获得批准，并主张SEC应相信企业能够自行评估气候问题的重要性。先锋的做法可能会助长信息披露的不足，这一回应巧妙地保持在支持线的边缘，既不引发气候积极分子的强烈反对，同时又为共和党及商会提供了政治掩护。

不论德州州长是否已经批准，甚至即使先锋或其他行动迟缓的机构投资者并未直接执意坚持，大多数上市公司已经开始进行气候相关的披露。实际上，据估计，60%的财富500强企业已经做出了气候承诺，甚至越来越多的公司承诺实现"净零排放"。上市公司将继续履行它们对气候的承诺，这是因为它们的机构投资者三十年来基本习惯了有组织地行使股东权利，而它们目前正迫切要求获得关于气候方面的信息。

私募股权的政治影响与效应

在绝大多数情况下，私募股权并未显露出明显的政治色彩，这与其一贯秉持的总体战略相符，即保持私密性，极力避免在运营过程中过度公开或透露信息。例外出现在20世纪70年代和80年代，并持续至90年代，当时私募股权公司普遍被称为收购公司。在此期间，它们通过美国风险投资协会参与游说活动，倡导放松对证券市场的监管，使他们能在保持私密性的同时筹集资金。

根据证券法规，私募股权基金控制的公司不用和上市公司一样向股东报告工作。这使得新闻记者很难查找这些公司及其管理人员未经披露的政治活动。私募股权行业为很多人带来的财富足以让他们悄无声息地影响政治，并且在公共记录中不留痕迹。因此，已经披露的政治活动很可能无法全面准确地反映该行业对政治体系实际的影响。

但是，从金融危机期间开始，私募股权公司及其所有者开始公开游说并参与竞选活动。自20世纪第一个十年中期首个正式行业协会成立以来，其游说支出从较低水平迅速攀升至2007年金融危机爆发时的巅峰——详见摘自美国政治捐献数据库（Open Secrets）的数据（图4.1）。当前，私募股权公司的游说总支出已与规模最大的指数基金不相上下，几乎等同于对冲基金的同类支出，约为美国商会支出的四分之一。此外，该行业还直接，或通过渠道向候选人及由政党或候选人控制的政治行动委员会捐赠大量资金。

这场金融危机导致了一项重大的金融改革——《多德-弗兰克法案》（*Dodd-Frank Act*）。这项重大改革被华盛顿人戏称为"圣诞树法案"，犹如一棵巨型圣诞树上挂载各

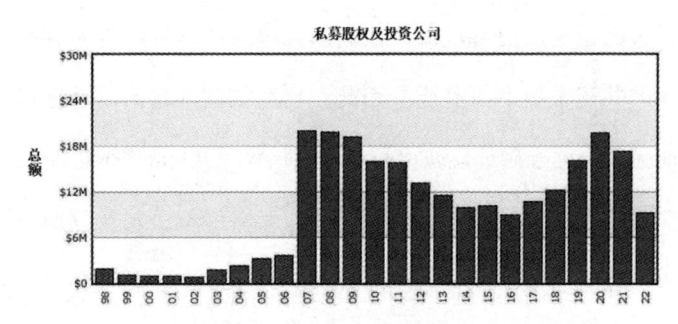

**图4.1　（美国）私募股权及投资公司游说总费用
（1998—2022年）**

种各样的装饰元素。①《多德-弗兰克法案》可能对私募股权行业产生深远影响。尽管私募股权并非造成危机的主要责任方，但许多私募股权收购和已经被收购的公司在危机过后都以破产告终。私募股权行业依靠高度负债的商业模式，而且与参与杠杆贷款市场的相关方关系密切，使它完全有理由积极参与政府应对金融危机的辩论。因为私募股权基金和咨询公司的正式法律结构可能会受到一些针对其他金融子行业的开放式法律定义的影响，比如对冲基金、

---

① 《多德-弗兰克法案》的涉及范围广泛，包括16部分，整体长达2300页。

一般投资顾问或投资公司，所以私募股权行业密切关注金融监管和法律动态也无可厚非。

私募股权行业深度参与美国政治的趋势延续至今。根据美国政治捐献数据库最新报道，早在2022年8月，"私募股权和对冲基金行业已经向2022年中期选举投入了近3.477亿美元"。其中包括由私募股权支持的政治行动委员会的捐款以及私募股权专业人士的捐赠。查克·舒默（Chuck Schumer）是最大的受益人，获得了逾100万美元的捐款。在美国当前的选举周期中，仅黑石集团就已经捐献了2100万美元。排名前五的其他四家私募股权集团也积极参与其中，包括KKR、阿波罗、凯雷，以及专注于房地产的布鲁克菲尔德。

私募股权的捐款和游说对特定政策争议的影响往往显而易见。私募股权与其风险投资和对冲基金结盟，成功阻止了《2022年通货膨胀削减法案》中一项试图封堵附带收益漏洞的尝试，几乎使法案陷入僵局。据广泛报道，克尔斯滕·西尼玛（Kyrsten Sinema）是美国国会中唯一一位只有在删除附带收益改革条款的情况下才愿意投票支持该法案的成员。她不仅是2022年私募股权捐款中最大的受益者之一，而且根据美国政治捐献数据库的数据，过去十年中，"黑石集团向西尼玛的政治运作提供了最多的资金"。

　　私募股权公司对其投资组合公司所在行业的监管也产生了很大的政治影响，特别是在专业化程度较高的领域，例如医疗保健。2020年，由私募股权支持的广告几乎使《无意外账单法案》（*No Surprises Act*）搁浅。这项罕见地获得两党普遍支持的立法，旨在禁止此前由私募股权拥有的医疗服务提供商对患者收取的天价网络外（out-of-network）①医疗费。

　　这一切都发生在2019年成功阻挠法案通过之后——当年，私募股权公司曾不惜一切代价以确保法案无法通

---

① 在美国，如果医疗提供者没有与特定的医疗保险计划签约，或者不同意医疗保险计划的费用协议，则他们被视为在网络外。在网络外就医可能导致被保险人需要支付更高的费用，因为医疗保险计划通常只支付一部分费用，而被保险人需要支付更大比例的费用，或者自行支付全部费用。因此，在网络外就医通常更昂贵。

过。2019年7月，一个名为"医患团结"（Doctor Patient Unity）的神秘组织启动了一场耗资近5400万美元的运动。后来有消息透露，KKR公司收购的远景医疗（Envision Healthcare）和由黑石集团投资的协作保健（TeamHealth）是这场暗钱（dark-money）①运动的幕后主使。这一事件表明，私募股权已经可以和普通企业一样，对利用商业游说团体所开辟的黑钱渠道游刃有余。值得一提的是，开辟这些暗钱渠道的策略在鲍威尔备忘录中早已有所记载。

私募股权公司成立了自己的行业协会。私募股权理事会（Private Equity Council）成立于2006年，由11家私募股权头部公司组成，后来更名为私募股权成长资本委员会（Private Equity Growth Capital Council）。协会名称的变更突显了一个发展趋势，即一小部分（但越来越多的）私募股权致力于投资增长型企业，而不是杠杆收购通常作为目标的成熟公司。对成长型股权投资的增加，不仅是一种金

---

① 指在政治选举中，来源不明或未公开的资金，通常用于影响选举结果或政策制定。

融多元化策略，还有助于改善行业的公共形象。通过这种方式，私募股权行业可以宣称为创造就业机会的新兴企业提供支持，同时淡化自己的举债收购模式导致裁员的事实。该行业协会在当时表示："我们的新名称更好地传达了私募股权的本质：促进企业成长。"

近来，私募股权行业协会再次更名为美国投资理事会（American Investment Council），彻底摒弃了私募股权的标签。这可能说明私募股权经理已经认识到"私募"一词带有负面含义。普罗维登斯资本（Providence Equity Partners）的创始人乔纳森·尼尔森（Jonathan Nelson）在一次电视采访中表示："我觉得'私募股权'这个名字把大家都带跑偏了。坦率地说，它听起来并不怎么样。在强调透明的时代，任何私密性的东西都给人留下了不太正面的印象。"2007年至2011年，该行业协会的年均游说支出达到280万美元；2022年，这一支出已经超过290万美元。关注的问题包括私募股权税收、合伙人审计、利息税可抵扣性，以及旨在证明"私募股权在发展和加强……各州份和国会选区的……企业方面发挥着重要作用"的象征性法案。

私募股权行业协会的代表们多次在国会山（Capitol Hill）就相关事宜作证。2007年，一位代表在关于"私募股权对员工和企业的影响"的听证会上作证，强调了私募股权对就业增长的贡献。他承认，虽然"关于私募股权投资对美国就业影响的数据目前较为有限，但这一缺口（行业协会）希望在未来得到填补"。2019年，另一位代表德鲁·马罗尼（Drew Maloney）在关于"美国待售？私募基金实务审查"的听证会上作证。他在证词中首先强调了风险投资和成长型股权的角色，最后才谈到了协会成员的收购部分，但协会成员管理的大部分资产都是收购基金。

与指数基金一样，私募股权基金通过投资支持有利于私募股权行业的研究，以积极管理自己的公共声誉。早在20世纪80年代，KKR就因在其资助的研究项目中歪曲企业收购对劳动力造成的影响而受到指责。私募股权行业协会也通过付费的方式，发布旨在宣传该行业对就业贡献的研究报告。作为私募股权行业协会的盟友,美国商会对旨在监管私募股权的法案提出了反对意见,同时对批评这些法案的报告予以支持。私人资本研究所(Institute for Private Capital)也赞助有关私募股权行业的研究和圆桌会议,该研究所的部分资金来自私募股权普通合伙人。

私募股权行业也会针对不符合其利益的研究结论进行反击。2018年,某个研究团队发布的研究报告指出,私募股权拥有的皮肤科诊所发起大量的高额报销手续,并向医疗保险提交高额的费用账单。短短几周内,来自私募股权的压力迫使《美国皮肤病学会杂志》(Journal of the American Academy of Dermatologyto)撤回了这篇文章——既没有提供具体解释,也没有提供文章存在错误的证明。

私募股权基金与指数基金不同,不参与股东决议过程。对于拥有少数正式合法所有者的公司(例如基金)来说,普遍有效的治理参与权并不存在,即使这些基金拥有很多分散的实际投资者。私有化的政治观点表明,企业被收购后将停止与公共投资者对话。私募股权投资组合公司的所有者在政治立场上通常保持沉默。

但是，私募股权公司和私募股权基金不一样，前者作为私募股权发起人别无他选，只能就政治话题表态，包括在指数基金很活跃的领域的问题。例如，私募股权基金一直是多元化的公开支持者，这是在"释放美德信号"（virtue signaling）[①]吗？指数基金通常会直接向公众募集资金，但是私募股权基金的主要投资者是机构投资者。一些机构投资者对于多元化的承诺颇为关注，例如公共养老基金。正如一家为私募股权服务的法律公司所指出，这些投资者"越来越重视多元化……并要求提供更多有关多元化、公平和包容（diversity, equity, and inclusion, DEI）指标的信息"。

私募股权行业的全球化发展意味着美国的监管框架并非是唯一重要的因素，尽管美国的监管框架在适用于上市公司的公司治理体系中几乎完全排除了私募股权基金。在

---

① 指在社交媒体上以某种言论显示自己站在道义的一方。

欧洲，许多与信息披露和治理相关的法规并不局限于上市公司。在欧洲运营的私募股权公司必须注意欧盟有关多元化和其他社会问题的规定。例如，欧盟的《可持续金融披露条例》（Sustainable Finance Disclosure Regulation）可能会迫使私募股权公司追踪董事会的性别多元化和薪酬差距。尤其在欧洲，私募股权行业有时也试图在一系列问题上形成自我监管的形式，"显然是为了防范强制性干预的威胁"。许多私募股权基金在可持续性方面的表态已经领先于上市公司。凯雷和KKR已经开始自愿发布可持续发展报告，其中包括SEC正考虑要求上市公司披露的内容。

2021年9月，凯雷集团和黑石集团联合加州公共雇员退休系统（California Public Employees' Retirement System）等大型机构投资者，一道分享了有关各公司排放、多元化和员工待遇的信息。许多私募股权基金的资金来自养老基金和主权财富基金[①]，而这些基金日益关注气候变化和不平等

[①] 由国家政府或政府机构设立和管理的投资基金，用于投资国家的财富和储备资金。

等议题，因此，一些私募股权基金为了投其所好，开始将自己重新定位为ESG基金。一篇《哈佛商业评论》(*Harvard Business Review*)最近的专栏文章指出，"90%（接受民意调查的私募股权投资者）将ESG因素纳入投资决策中，77%将其作为选择普通合伙人的标准"。

指数基金和私募股权基金面临的政治威胁

　　指数基金面临着明确而尖锐的政治威胁。红州的政客们开始将自己的法律要求作为开展业务的先决条件。2022年，在煤炭行业的推动下，"西弗吉尼亚州的国债投资委员会（于2022年）停止使用贝莱德的一只基金，因为贝莱德敦促各家企业到2050年实现净零排放"。2022年8月，19位共和党总检察长致信贝莱德，其中包括在石油和天然气领域有着活跃经济活动的州。他们在信中指责贝莱德将气候议程置于养老金投资之上，并指控它与其他投资者一起追求净零排放承诺时存在反垄断违规行为。西弗吉尼亚州、路易斯安那州和阿肯色州的财政部部长从贝莱德基金中撤出了7亿美元，因为他们认为贝莱德过于关注环境问题。在拥有总长8000多英里海岸线的佛罗里达州，州长罗恩·德桑蒂斯（Ron DeSantis）禁止州养老金基金筛查气候和其他ESG风险。

在联邦层面，共和党提出的一项法案计划完全取消指数基金的治理权力，并将其移交给公司董事会和其他机构投资者，这份法案目前仍有待参议院审议。参议院第4241号法案将要求大型指数基金把非例行事项的投票权移交给基金股东，或者（由基金发起人决定）选择不行使投票权。由于移交投票权产生的成本不菲，指数基金必然会选择弃权。该法案的设计初衷是为了把指数基金从公司治理和政治世界中完全剔除。

为了募集资金和争取公众支持，政客们在高谈阔论和写作时常常会提及指数基金和更广泛的ESG运动。美国前副总统迈克·彭斯（Mike Pence）曾率先对"觉醒资本主义"（woke capitalism）①发起攻击，维基百科词条认为该新词由《纽约时报》（*New York Times*）保守派专栏作家罗斯·杜特（Ross Douthat）提出。彭斯在《华尔街日报》上撰文批判ESG是"一群未经选举的官僚小集团"和"强大的华尔街金融家"提出的"有害战略"。彭斯的文章纯粹是作秀。他主张"下一任共和党总统和共和党国会应努力在全国范围内终止ESG原则的使用"，但是这一解决方案将违反《第一修正案》，推翻整个金融领域的投资决策。但作为释放美德信号，这无疑有助于彭斯与共和党内一些基层人士建立联系。

格伦·贝克（Glenn Beck）②推出了一期广播节目，题为"为何觉醒的首席执行官要利用ESG摧毁我们的自由市场？"——原文用大写字母强调了"摧毁"（DESTROY）

---

① 常被用来描述大公司、企业首席执行官和亿万富翁们公开地在财政上支持"进步的左翼政治事业"（progressive left-wing political causes），如"黑人的命也重要"运动（Black Lives Matter）、气候行动主义和动物权利保护等。
② 美国当红的电视与电台主持人，被视为保守派的政治评论家。

一词。此外，参议员汤姆·科顿（Tom Cotton）公开要求黑石集团就其与环保活动组织"气候行动100+"（Climate Action 100+）的关系进行解释，并威胁将采取某种反垄断行动作为反击。

当然，尽管有些说法显得夸张和偏激，但它们所蕴含的政治威胁是一个现实问题：少数者问题。沃伦·巴菲特（Warren Bufett）的长期合作伙伴查理·芒格（Charlie Munger）曾尖锐地指出："我们拥有了一群新晋的皇帝，他们就是在指数基金中行使投票权的人。虽然我很钦佩拉里·芬克，但我未必愿意将他奉为我的皇帝。"

如果不是因为指数基金的规模巨大，以及由此带来的政治影响力，针对它们的政治攻击也就无从谈起。对于指数基金而言，少数者问题早就在美国政治舞台上现出了端倪。

迄今为止，私募股权基金所面临的威胁则具有不同的性质。大多数的威胁来自左翼势力及民主党政客和官员。私募股权团体被贴上了"蝗虫""资产剥削者""赌场资本家"和"掠夺者"的标签。部分民主党领导人将私募股权基金的税收优惠列为批评焦点，与此同时，公共养老基金也对大型私募股权基金提出更高的信息披露要求，尤其在蓝州①。评论员还从投资角度对私募股权提出批评，认为它们实际上并未取得更为出色的风险调整后收益。

2014年，时任SEC检查部门主管的安德鲁·鲍登（Andrew Bowden）在一次备受关注的演讲中明确表示，SEC已开始关注私募股权行业。执法行动紧随此次演讲之后。SEC还于2015年和2016年发布了类似的公开信息。最近，SEC提出一项关于私募股权基金披露的提案，进一步加强了对私募基金信息透明度的要求。此外，三位美国民主党参议员提出了一项法案，要求超过一定规模的公司都必须进行公开报告，不论其股东数量或是否在股票交易所上市。此举将进一步提升由私募股权基金控制的大型公司的透明度。

---

① 选民倾向于投票给民主党的州。

广泛的针对私募股权收购的批评重新激起了人们自20世纪80年代以来的一系列担忧，包括私募股权收购可能导致过度负债、美国经济萎缩、利益冲突以及非法使用内幕信息的问题。人们关切的焦点在于，私募收购可能对被收购公司和为交易提供融资的银行造成不利影响。2019年，有三项旨在规范私募股权行业的法案被搁置，其中包括获得五名参议员支持、由伊丽莎白·沃伦（Elizabeth Warren）主导的H.R.3848号法案——"阻止华尔街掠夺法案"（*Stop Wall Street Looting Act*）。该法案于2021年重新提出，法案要求：

● 强制要求私募股权公司（不仅仅是私募股权基金）及其个人所有者"共同承担他们掌控的（投资组合）公司的……责任——包括债务、法律判决和与养老金相关义务"

● 禁止在收购后的两年内向投资者派发股息并进行工作外包

- 在破产程序中优先考虑工人的薪酬
- 废止私募股权公司在投资组合公司违反法律时的责任豁免，包括《工人调整和再培训通知法》（Worker Adjustment and Retraining Notification（WARN）Act），即大规模裁员前必须提前通知
- 要求私募股权经理公开披露费用、回报和其他信息
- 恢复《多德-弗兰克法案》要求金融公司在进行企业债务证券化时进行风险留存的相关规定

一家英国公司计划将其婴儿配方奶粉业务出售给一家收购基金，民主党对该计划提出了质疑，担心此举可能加剧已经相当严重的婴儿配方奶粉细分市场的短缺。反垄断担忧与更全面的批判相互交织。据报道，拜登政府正在积极应对私募股权问题，特别关注在医院和数据中心等特定领域进行的整合并购战略对反垄断的影响。

通过上述任何一种方式加强对私募股权的监管，其政策价值都有待商榷。但是，私募股权行业面临的政治风险

却不容置疑。与指数基金一样，私募股权行业的规模和影响力引起了其他政治参与者的关注。私募股权行业的少数者问题已经在美国政治中显露无遗。

少数者问题的应对之策

5 少数者问题的应对之策

面对指数基金和私募股权基金引发的少数者问题，我们应该采取何种措施？这一问题是否有解？如果没有，我们是否能够妥善应对？我们能否降低这些金融机构所引发和面临的政治和政策风险，同时又能保留它们的经济利益？

在探讨解决少数者问题的政策变革提案时，我们不应忽视指数基金和私募股权基金带来的利益。它们履行着重要的金融职能，是激发全球经济活力和促进经济增长的关键组成部分。

一些解决少数者问题的方案可能过于乐观地假设个体

投资者有能力或愿意控制基金，这样的解决方案包括设定限制、实施禁令，或者制定复杂的法规。但问题在于，这些方案可能并不切实可行，而且很难获得两党支持。事实上，考虑到指数基金所带来的重要利益以及当前由私募股权基金管理的大量资金，我们更宜将少数者问题视为一个需要谨慎对待的困境，而不是亟需解决的问题。一定程度上，少数者问题具有双重性质：既包括基金本身可能带来的威胁，也包括基金受到威胁时可能引发的政治风险。根据历史经验，某些美国政府曾经对金融机构发展采取的应对措施可能过于激烈，并没有真正有所改善。任何政策干预都要避免过于武断或僵化，同时应该将权力授予专业监管机构，确保这些监管机构能够灵活地根据市场的反应和发展来调整和完善法律的执行方式。

  本章提出的主要建议包括提高透明度或披露，以及修订现时适用于政府机构的公众咨询法律规定。对于已经在上市公司中发挥类监管作用的指数基金而言，这些举措无疑是合理的。对于有意规避披露法规的私募股权基金而言，这些举措的匹配度就相对较差，尽管透明度和公众咨询或许能够与私募股权业务模式相适应。由于在当前美国政治形势下推动重要的新的立法存在一定的困难，这两个行业都应该明智地采取更强有力的自我监管手段。

在探讨如何解决指数基金和私募股权基金引发的少数者问题之前，让我们先简要回顾一下它们各自的优势。

相对于其他投资产品，指数基金为中产阶级投资者带来了巨大收益。指数基金的回报显著且丰厚，既直接带来实质利润，也产生间接收益。一方面，百万美国人能够低成本、安全地实现投资多样化。另一方面，指数基金加剧了对资产管理领域的竞争，推动了整个市场的效率提升。此外，指数基金还在某种程度上抑制了上市公司管理层过度追求个人项目、超高薪酬等行为，更符合公司股东的期望。

至于私募股权基金，直接的关键问题在于，如果指数基金的成功是因为市场很难被超越，那么同样的逻辑为何不适用于私募股权基金呢？为什么我们不应该认为指数基金在概念上对私募股权基金和对投资于上市公司的主动管理型基金都构成了巨大的挑战?

与指数基金相比，关于私募股权基金收益的研究尚处于早期阶段，而且争议性较强。虽然许多行业内人士高调宣扬私募股权能够实现卓越回报，但这些说法往往基于未经过风险调整，未与其他替代方案进行基准比较的原始回报数据，或者依赖私有且未经验证的数据。即使是未经调整的原始回报数据也显示，私募股权为投资者创造价值的能力会随着时间推移而逐渐下降。其他研究发现，在适当进行基准比较的情况下，私募股权的投资表现与整体市场相当，但并未超越市场。鉴于私募股权公司向投资者收取的高额费用，它们实际并没有为投资者带来额外的盈利。

评估私募股权公司是否创造附加值的难点在于它们的私有性质。由于私有企业的业绩数据难以获取，相较于指数基金，很少有研究者会尝试全面审慎地检验私募股权的投资表现，而极为有限的尝试也仍处于初始阶段，难以复现或验证。因此，目前的普遍看法是，私募股权甚至不能为其投资者创造可持续的增值，更别提对整个社会有积极的价值贡献了。但尽管如此，大型机构仍在不断选择投资私募股权基金。

我们已经概述了指数基金带来的巨大收益以及私募基金具备的潜在而不确定的收益，接下来，我们还需要更准确地说明少数者问题。通过回顾美国历史上存在的类似问题，以及了解这两类基金已经深入参与美国政治，并面临新的政治威胁，我们不难相信少数者问题确有其事。但是，要试图解决这个问题，我们还需要一个更为详细的诊断。这个诊断的核心要素有三个。第一，指数基金和私募股权基金的规模和潜在影响是偶然而非故意安排的结果，实际上并不属于它们的核心金融功能。第二，这两类基金都在操纵或运用其影响力进行游说，以谋取更大的自主权或保留现有的监管漏洞。第三，这两类基金在财富和权力运作方面缺乏透明度。

指数基金的成功伴随着合法性不足和问责制不完善的问题，其根本原因在于，指数基金的权力和影响力都是市场的意外产物，而且它的监管也存在漏洞。监管漏洞的关键问题之一是指数基金在行使权力方面缺乏透明度。与之类似，私募股权基金及其投资或控制的公司也面临着合法性不足和问责制不完善的问题。这主要是因为，创建私募股权基金时做出的私人和公共决策带来了预料之外的后果；此外，私募股权基金在规模和作用上取得的成功也是出乎意料的。回想起早期私募股权基金在20世纪70年代进行企业收购的场景，谁又能想到这个行业有朝一日会掌管美国私有经济九分之一的工作岗位。

私募股权行业的合法性不足主要源于其私有性，或者说，源于它的保密性。与指数基金行业相比，私募股权行业对投资者披露的信息很少，对公众披露的信息就更加少得可怜。20世纪第一个十年中期，随着大规模收购浪潮的兴起，私募股权行业自身感到有必要提高透明度，因此成立了第一个正式的行业协会。"公众希望了解是谁在收购美国企业"，华尔街投资银行业的资深领袖费利克斯·G.罗哈廷（Felix G. Rohatyn）说道，"观察高层人士愿意拉开多大的面纱将会相当有趣"。结果显示,它们的透明度举措十分有限。多年来,私募股权行业协会的规模一直相对较小。即便在今天,私募股权行业的信息披露主要围绕投资者展开,对于构成该行业的公司的披露相对匮乏。

问责制不完善的问题,私募股权基金也比指数基金更严重。一般认为,私募股权基金的投资者要么是富裕人士,要么是养老基金、捐赠基金和主权基金等机构,因此它们能够独自应对风险。然而,这些机构实际是分散个体的代理者,而这些分散个体并无法单独行使权力或提出具体要求。目前,只有《多德-弗兰克法案》对私募股权公司提出披露要求,但是该法案也仅仅解决了私募股权行为的一个层面——潜在的系统性风险。

投资于私募股权基金的养老基金受益者往往对私募股权顾问的问责制了解甚少,更不会要求养老基金代理人与私募股权顾问讨论财务权力方面的问责制度。私募股权基金既不受投票问责机制的制约,同时也只需遵守提供资金的机构投资者代理人要求的任何问责机制。私募股权基金之所以寻求了解更多的信息，是为了让基金对其整体冒险行为和社会影响负责，但是这种动机往好了说也并不那么强。

换句话说，私募股权基金并非完全私有化。"私募"是指一个或少数个人所有者，他们有权通过合同约束自己以及名下的财产。但在过去几年中，私募股权基金成功通过游说取得了合法许可。它们可以向成千上万的分散投资者筹集资金，不仅不会触发SEC的注册要求，还无须遵守适用于上市公司的治理和信息披露要求。

私募股权投资的主要资金并非源自富裕个体，因为富裕人士通常被认为具备自主管理资产的能力。相反，私募股权的资本主要由其他机构筹集，这些机构代表着数以千计的经济受益者进行资金管理，总计超过2000万人。私募股权基金的其他机构投资者还包括大学捐赠基金、保险公司和主权财富基金等机构，它们同样代表数百万投资者进行资本投资。私募股权基金仅在非常狭义的定义下才投资符合私人标准的资金。就连私募股权投资的最终受益者，例如退休人员、被保险人、公立学校教师、基金投资者以及购买主权财富基金的国家公民，都很少意识到他们的劳动和由此获得的报酬被投资到了由KKR、黑石等集团运营管理的私募股权基金中。私募股权基金不向最终受益者直接提供关于其资金使用情况的信息，而这些最终受益者也无法有效监督负责在私募股权基金中进行投资谈判的代理机构。私募股权基金不向最终受益者披露其与私募股权公司谈判的交易名称、费用、治理安排或利益冲突保护。私人股本高度保密的性质主要体现在其业务是保密的。

最后，私募股权基金通常设定投资者的锁定期[①]为5年以上，这严重限制了治理层面的退出选择。机构投资者的最终受益者通常无法撤回被投资到私募股权基金中的资金。过去由同一私募股权顾问运作的私募股权基金的业绩和声誉，必然会影响机构投资者是否愿意投资该顾问管理的新基金。然而，与投资上市公司或指数基金的投资者相

---

① 即禁售期。

比，私募股权基金的投资者在决定退出投资时需要等待更长的时间，这种滞后期限制了对基金经理的有效监督和问责。而且，鉴于当前私募股权基金的信息披露水平相当有限，即便在基金被清算或结束后，由于信息披露的缺乏，这种滞后期还会进一步降低投资者对基金经理的问责能力。

潜在的政策路径

如前所述，少数者问题很大程度上是由过去监管和私人投资决策所引发的意外结果而产生的问责制不完善和合法性不足。在明确这一问题的本质之后，我们还需要关注如何应对问题。本节将探讨我为解决这两类基金所面临的问题而慎重提出的一系列方案，同时深入讨论一些前辈学者已经提出的、更为大胆的选项。由于少数者问题的复杂性，读者可能需要深入理解和思考，不要过分期待一蹴而就的解决方案。我们可能会制定出一套最为妥善的政策应对措施，在改善（而不是消除）少数者问题的同时，保留这些基金所能创造的经济利益。

信息披露是少数者问题的解决方案的一部分。尽管它并不能彻底解决这个问题，但是信息披露的作用可能远远超乎我们的预期。不管处于任何阶段，指数基金和私募股权基金必然会坚决抵制进一步的信息披露。毕竟，限制信息披露正是私募股权商业模式的关键要素之一。这些机构出手进行抵制的原因无非是提高透明度将会更全面地揭示它们的重要性。

SEC应当要求指数基金更频繁地报告其投资组合公司的投票情况，而不仅仅是目前的一年一次。一些大型基金公司目前已自愿进行季度报告。目前，生成事后的电子投票报告的成本比过去更为经济，而且这一过程不会给基金投资者增加不必要的费用。SEC或许不愿意加快报告频率，因为对于规模较小的投资咨询公司来说，遵循频繁更新报告的合规要求可能会导致合规成本超过实际的经济效益。然而，SEC对整个共同基金行业采用相同监管方式并非美国1940年的《投资公司法》的硬性规定，而只是一种一成不变的惯例，源自法律的固有惯性。SEC可以针对大型基金集团制定专门的规则，以适应其在市场中独特的治理角色，这一做法不仅符合美国国会已经授权的范围，而且符合SEC在其他领域采取的根据公司规模进行个性化调整的监管方式。这种监管方法不仅可以在指数基金领域使用，还可以在其他相关领域产生积极效果。举例来说，主动管理型基金可能在一些上市公司拥有相当大的投票权，因此，频繁披露投票信息的要求同样适用于任何拥有足够资产管理规模且能够在公司拥有重要的投票权（例如控制超过1%的股份）的投资顾问。

另外一项更大胆的应对措施是，SEC还可以要求基金顾问更详细地披露他们如何履行对基金股票投票的受托责任。基金顾问可以提供定性披露（qualitative disclosure）[①]，阐述他们在面对新问题时是如何决定其投票立场的。目前，基金投资者只有在决策已经做出并生效后，才能了解基金顾问在具体政策问题上的立场。更理想的做

---

① 指描述性的信息，强调质量、性质和特征，而不是数量或具体数值。

法是在治理问题出现之前就通知基金投资者，让他们了解到新的问题已经浮出水面，而基金顾问正在积极考虑如何应对。有些问题可能与特定公司的情况过于紧密相关，因此难以提前进行披露；但通常这种发生在某家公司的问题可能会逐渐普遍化，成为多家公司投票表决的议题。如果基金顾问能够主动发现新问题并及时通知基金股东，股东将能够更灵活地做出反应，例如根据顾问对问题的应对计划来调整持仓。

新的披露要求可能包括以下说明：

● 在股东提案或其他形式的投票中反复出现的议题上，如何制定并维持一贯的投票立场的程序

● 合作伙伴筛选机制及其实现方式

● 已经参与了哪些交流对话以及与公司管理层讨论的议题

● 是否制定了由谁参与交流对话的内部政策

● 在确定投票立场时向谁寻求建议

● 利益冲突下的投票政策和执行程序

● 在同一集团的不同基金中,是否存在投票一致性和差异性的现象及原因

相关的信息披露可以按照一定的周期进行更新,并且可以与投票权披露相互关联,以帮助基金投资者更好地了解投资所涉及的投票权是如何以及为何按照这样的方式被使用。此类披露应该在基金顾问确定投票立场之前进行,将新出现的问题标记出来,尤其是那些与以往提案出现明显差异的股东提案。

披露还可以解决私募股权面临的合法性不足和问责制不完善的问题。对于商业模式建立在保密性基础上的私募股权基金来说,这个解决方案无疑更加棘手。SEC曾在2022年提出一项温和的新披露要求,但还是遭到私募股权基金的强烈反对。稍微激进的改革都有可能被私募股权行业视为关乎生死存亡的威胁,例如对私募股权所拥有的公司实施完整的SEC报告制度。私募股权行业可以接受小范围、表

面化和低频率的信息披露，它们不可能达到上市公司要求的详细披露标准。因此，我们有必要超越信息披露的解决框架，思考更具实质性的监管。

除了披露要求外，还可以要求顾问以结构化的方式与投资者进行定期互动，例如在线讨论论坛，建立适用投资者的门户，以及邀请投资者对新议题的潜在投票立场进行评论等。实际上，大型基金管理集团可能需要建立一个机制，以便分散的投资者主动地参与并表达他们的意见。对于投资于私募股权的养老基金和共同基金来说，类似的机制可以在整个基金管理层面进行。具体而言，私募股权基金需要与机构投资者进行更密切的交流，而养老金和其他基金则需要向其投资者报告，并就基金层面的事务进行更广泛的互动和交流。

这类咨询机制可以灵活设计，不一定要将基金顾问与公众意见捆绑在一起。也就是说，基金顾问不必成为投票或授权的"传菜口"，因为这种机制可能不会被广泛采用，难以产生实际效果。相反，这种咨询机制可以为感兴趣且积极参与的最终投资者提供一个途径，让他们分享有关指数基金投票议题以及私募股权基金决策方式的见解。例如，指数基金和私募股权基金都可以向投资者征询对气候、工作条件或大规模裁员等议题的总体看法。指数基金也可以让投资者设定投票准则，或者依赖第三方提供的准则。

或许，人们会质疑这种注重过程管理的解决方案的价值。如果只有过程具有约束力，却没有实质成果，那么这种解决方案的意义何在？但多年来，我们一直要求监管机构采取类似的做法。法院不会（或至少不应该）推翻他们认为轻率或不良的法规；但如果相关机构在法规通过前未能让公众有机会提出意见，法院会推翻这些法规。

也许这也只是做做样子。但平常心而言，尽管公众对监管机构的评论很少为政策问题提供真正新颖、真实、重要的信息或见解，但世事无绝对，有时候公众的信息或见解确实可以发挥作用。而且，提供信息的行为对信息提供者来说是有价值的。在美国，公众评论通常会导致政府提出的规定在正式生效之前被取消、废弃或进行重大修订。

公众参与过程有助于新信息在决策阶段能够被及时分享。

此外，指数基金和私募股权基金经理等掌握大量权力或财富的个人可能会做出孤注一掷的决策，而参与决策过程的选项将有助于降低这类决策带来的潜在风险。这是否是解决少数者问题的完美方案？答案是否定的。然而，与其裹足不前或者采取一些会直接导致破坏或大量成本的拟议政策改革（如透传投票[①]），这些解决方案仍不失为可行的路径。

[①] 公司治理中的一种投票机制，使股东能够将其投票权直接转交给指定方，如代理顾问或资产经理。股东无需单独行使投票权，而是将其权力转交给这些中介机构，由他们汇总并代表股东投票。

结语

　　指数基金和私募股权基金是出现于在20世纪下半叶的金融机构，其发展速度已经超越了美国整体经济，成为美国经济和政治体系中的中坚力量。它们的成功伴随着新的少数者问题：与之前的中央银行、信托公司和保险公司一样，这些基金已经成为对美式民主下的资本主义的威胁。指数基金的成功建立在它们为普通投资者带来的真实而重要的经济效益之上。私募股权为美国社会带来的直接利益则不如指数基金清晰，但它们仍持续通过养老金基金等渠道吸引着普通退休人员和工人的投资。

　　人们往往倾向于以"好"或"坏"来看待任何新现象

并做出相应的回应,这或许是一种情不自禁的、固有的人性。然而,非黑即白的二元对立思维往往都有偏颇。回顾历史,美国政治体系淘汰第一银行和第二银行的决定被认为是一个错误。中央银行是一个社会价值和危险性并存的机构。最终,兼具公共和私人特性的美联储委员会取而代之。[1]美联储委员会在美国民主传统的基础上运作,提供了一种有效(尽管一直备受争议)的货币供应管理手段。这种混合性质的机构可以更妥善地应对由央行造成的少数者问题,它既不是完全摒弃央行对现代经济的管理,也不是放任具有全面腐化可能性的央行毫无限制地运作。

指数基金、私募股权基金,乃至整个资本主义体系,都各有利弊。尽管本书的标题可能将美国的金融资本主义以及指数基金和私募股权基金等金融机构定义为一个需要具体"解决方案"的"问题",但是,真正的问题在于美

---

[1] 美国央行权力巨大,围绕着央行废立,美国政党间曾展开过长达百年的党争。美国有过三个中央银行,合众国第一银行、合众国第二银行以及美联储。合众国第一、第二银行在党争中先后被废,美联储是美国的第三个央行。

结语

国经济与美国政治之间的深刻冲突，对此，最明智的应对方式是对金融部门私营活动进行包括法律框架、监管措施、政府干预、民主进程和政治参与等各方面持续而全面的公共监督和管理。金融领域的深刻矛盾源于规模经济的强大作用。虽然通过将财富集中于少数人手中会产生巨大的社会利益，但同时也对美国的民主制度构成了实质性威胁。历史告诉我们，无为而治或者扼杀制造困境的机构并非解决问题的良策。解决这些困境的方法有很多，包括地理分散、功能分离、活动监管、反垄断、信息披露、程序要求、公私合作治理以及更强有力的反腐法律执法。

将美联储作为类比也是提醒我们，不要把反垄断视为解决指数基金和私募股权基金所引发的少数者问题的唯一途径。真正去中心化的中央银行是一种自相矛盾的说法。一方面，拥有强大反垄断权力的美国政府可以有效抵御大型企业（最初的"托拉斯"）带来的经济和政治威胁。另一方面，金融体系的某些职能却需要集中且规模庞大的机构。对指数基金、私募股权基金以及它们所持有的公司实施更严格的反垄断管理可能是对当前状况的一种改进，正如本书中所探讨的那样。

仅仅依靠反垄断并不能解决少数者问题。如果将指数基金规模分散至不具威胁性的程度，它们将无法提供与多元化投资相同的低成本投资收益。如果将指数基金变得完全被动化，例如剥夺它们的投票权，那么它们将增加上市公司的代理成本，重新引发一个世纪前伯利和米恩斯所关注的问题。我们需要明确权衡规模经济带来的好处，以及规模和集中化带来的政治风险。除了采取反垄断手段，我们还需要在这场权衡中建立一种公私合作机构，以应对规模和权力所带来的挑战。

无论是应对中央银行引发的少数者问题，还是应对指数基金和私募股权基金引发的少数者问题，加强强制性披露和治理要求都是不可或缺的手段。当前，信息披露和治理是指数基金行使权力的利器，因此，我们不难理解这两者对于解决基金问题的大致潜力。那些让指数基金在美国经济中发挥重要作用的手段，同样可以被用来提高指数基金的合法性，以及完善问责制。

这些基金游离于罗斯福新政时期形成的传统监管体系之外，是在故意规避监管的基础上建立起来的，正因如此，加强信息披露和治理的重要性不言而喻。自20世纪80年代以来，去监管化和恢复监管的决策使得大量分散的投资资本能够涌入更广泛的投资领域，而且几乎不受公众监督。私募股权基金几乎隐藏在黑暗之中。虽然指数基金的透明度相对而言更高，但是它们善于在"控制"（受监管）和"影响"（不受监管）之间的法律模糊地带施加影响力。

每隔一两代人，创业者们就会创建新的机构形式，以便在金融领域中更有效地实现规模经济。然而，这个规模和影响力不断增长的新机构会对美国民主构成威胁。政治体系如何应对这种威胁将会成为一项关键的准宪法①选择。极端的选择往往是糟糕的选择：如果存在僵局，即政治体系无法形成任何对策，威胁只会不断增加；如果政治体系

---

① 具有宪法性质或类似宪法的特征，但未被正式纳入宪法的法律或制度。

选择铲除或削弱这一机构，那么该机构所带来的好处也必将被连根拔起。因此，更明智的方式是通过信息披露和公众监督来应对这种威胁，不要让完美成为优秀的敌人。对于当下的少数者问题，积极有效的回应虽不能永久解决美国民主与美国资本主义之间的紧张关系，但却能为后代应对明天的少数者问题奠定基础。

致谢

感谢英格丽德（Ingrid）、艾娃（Ava）、奥利弗（Oliver）和亨利（Henry）等一众家人，以及已故的约翰·博格尔（John Bogle），他们通过深入的对话以及富有好奇心的探讨，为本书的创作奠定了基础。另外，感谢威廉·伯提斯特尔（William Birdthistle）、肖恩·柯林斯（Sean Collins）、艾纳·艾豪格（Einer Elhauge）、乔治·乔治耶夫（George Georgiev）、埃里克·古德温（Eric Goodwin）、杰夫·戈登（Jef Gordon）、凯莱布·格里芬（Caleb Griffin）、罗宾·格林伍德（Robin Greenwood）、豪厄尔·杰克逊（Howell Jackson）、尼古拉斯·莱曼

（Nicholas Lemann）、多萝西·隆德（Dorothy Lund）、马克·罗伊（Mark Roe）、哈尔·斯科特（Hal Scott）、苏拉吉·斯里尼瓦桑（Suraj Srinivasan）、丹·塔鲁洛（Dan Tarullo），以及在哥伦比亚法学院、康涅狄格法学院、乔治敦大学法学中心、沃顿商学院、弗吉尼亚大学、阿肯色大学法学院、国际金融体系项目和哈佛大学法学院的研讨会上参与讨论的各位，对本书部分借鉴的论文提供了富有建设性的意见。感谢柴姆·赫布斯特曼（Chaim Herbstman）和拉尔森·石井（Larson Ishii）提供的研究帮助。感谢指数基金"四巨头"的员工或前员工、美国国会职员，以及美国证券交易委员会职员和委员的对话分享，他们提供的信息使我受益匪浅。感谢斯塔斯·托尔曼（Stace Tollman）在整个创作过程中所给予的有效协助。感谢吉米·苏（Jimmy So）和利·格罗斯曼（Leigh Grossman）为本书的编辑工作提供强有力的支持。所有的错误都由我个人负责。本书的疏漏和错误都应归咎于我个人。

图书在版编目（CIP）数据

金融纸牌屋：金融寡头操控下的美国经济/（美）约翰·科茨著；陈锐珊译.--北京：中国友谊出版公司,2024.11.--ISBN 978-7-5057-5964-0
Ⅰ.F837.129
中国国家版本馆CIP数据核字第2024T1F842号

著作权合同登记号　图字：01-2024-3405

THE PROBLEM OF TWELVE: When a Few Financial Institutions
Control Everything
by John Coates
Copyright ©2023 by John Coates
Published by arrangement with Nordlyset Literary Agency
through Bardon-Chinese Media Agency
Simplified Chinese translation copyright © 2024
by Hangzhou Blue Lion Cultural & Creative Co.,Ltd.
ALL RIGHTS RESERVED

书名	金融纸牌屋：金融寡头操控下的美国经济
作者	[美]约翰·科茨
译者	陈锐珊
出版	中国友谊出版公司
策划	杭州蓝狮子文化创意股份有限公司
发行	杭州飞阅图书有限公司
经销	新华书店
制版	杭州真凯文化艺术有限公司
印刷	杭州钱江彩色印务有限公司
规格	880毫米×1230毫米　32开 7.625印张　103千字
版次	2024年11月第1版
印次	2024年11月第1次印刷
书号	ISBN 978-7-5057-5964-0
定价	56.00元
地址	北京市朝阳区西坝河南里17号楼
邮编	100028
电话	（010）64678009